새로운 도서, 다양한
동양북스 홈페이지에서 �

홈페이지 활용하여 외국어 실력 두 배 늘리기!

홈페이지 이렇게 활용해보세요!

1 도서 자료실에서 학습자료 및
MP3 무료 다운로드!

❶ 도서 자료실 클릭
❷ 검색어 입력
❸ MP3, 정답과 해설, 부가자료 등
첨부파일 다운로드

* 원하는 자료가 없는 경우 '요청하기' 클릭!

2 동영상 강의를 어디서나 쉽게!
외국어부터 바둑까지!

300만 독자가 선택한

가장 쉬운
독학 일본어 첫걸음
14,000원

가장 쉬운
독학 중국어 첫걸음
14,000원

가장 쉬운
프랑스어 첫걸음의 모든 것
17,000원

가장 쉬운
독일어 첫걸음의 모든 것
18,000원

가장 쉬운
스페인어 첫걸음의 모든 것
14,500원

버전업! 가장 쉬운
베트남어 첫걸음
16,000원

버전업! 가장 쉬운
태국어 첫걸음
16,800원

가장 쉬운
러시아어 첫걸음의 모든 것
16,000원

가장 쉬운
이탈리아어 첫걸음의 모든 것
17,500원

첫걸음 베스트 1위!

가장 쉬운
포르투갈어 첫걸음의 모든 것
18,000원

가장 쉬운
터키어 첫걸음의 모든 것
16,500원

버전업! 가장 쉬운
아랍어 첫걸음
18,500원

가장 쉬운
인도네시아어 첫걸음의 모든 것
18,500원

가장 쉬운
영어 첫걸음의 모든 것
16,500원

버전업! 굿모닝
독학 일본어 첫걸음
14,500원

가장 쉬운
중국어 첫걸음의 모든 것
14,500원

오늘부터는 팟캐스트로 공부하자!

팟캐스트 무료 음성 강의

▸▸1

iOS 사용자

Podcast 앱에서
'동양북스' 검색

▸▸2

안드로이드 사용자

플레이스토어에서 '팟빵' 등
팟캐스트 앱 다운로드,
다운받은 앱에서
'동양북스' 검색

▸▸3

PC에서

팟빵(www.podbbang.com)에서
'동양북스' 검색
애플 iTunes 프로그램에서
'동양북스' 검색

** 신규 팟캐스트 강의가 계속 추가될 예정입니다.

매일 매일 업데이트 되는 동양북스 SNS!
동양북스의 새로운 소식과 다양한 정보를 만나보세요.

blog blog.naver.com/dymg98 ✦ facebook.com/dybooks
instagram.com/dybooks ✦ twitter.com/dy_books

일본어 첫걸음 국민보급판

정선영 지음

동양북스

일본어
첫걸음
국민보급판

초판 1쇄 | 2017년 2월 10일
초판 2쇄 | 2017년 2월 20일

지은이 | 정선영
감　수 | 오현정
발행인 | 김태웅
총　괄 | 권혁주
편집장 | 강석기
편　집 | 김혜정, 신선정
디자인 | 방혜자, 김효정
마케팅 총괄 | 나재승
마케팅 | 서재욱, 김귀찬, 이종민, 조경현
온라인 마케팅 | 김철영, 양윤모, 탁수지
제　작 | 현대순
총　무 | 한경숙, 안서현, 최여진, 강아담
관　리 | 김훈희, 이국희, 김승훈, 이규세

발행처 | (주)동양북스
등　록 | 제 2014-000055호(2014년 2월 7일)
주　소 | 서울시 마포구 동교로22길 12(04030)
전　화 | (02)337-1737
팩　스 | (02)334-6624

http://www.dongyangbooks.com

ISBN 979-11-5768-236-2 03730

이 도서의 국립중앙도서관 출판예정도서목록(CIP)은 서지정보유통지원시스템 홈페이지(http://seoji.nl.go.kr)와
국가자료공동목록시스템(http://www.nl.go.kr/kolisnet)에서 이용하실 수 있습니다.
(CIP제어번호:2017001837)

 **머리말**

많은 사람들이 일본어라는 언어는 '웃으며 시작해서 울며 끝낸다'라는 말을 합니다. 왜냐하면 일본어는 영어나 중국어와는 달리 우리말과 어순이 같다는 점 하나만으로도 부담 없이 쉽게 배울 수 있는 외국어라는 생각을 하기 때문입니다.

하지만 일본어 공부를 진행해 나가다 보면 여기저기 숨어 있던 복병들이 등장하게 됩니다. 먼저 일본어는 한자 읽는 법이 무척 다양하면서도 까다롭고, 무엇보다도 문법에 있어서 예외적인 활용이나 숙어 등이 상당히 많아서 일본어 공부를 하면 할수록 점점 어렵게 느껴져 절대 만만하지 않은 언어라는 사실을 실감하게 됩니다.

본 교재는 일본어 공부를 막 시작하려고 하는 왕초보자 분들을 위하여 수많은 첫걸음 교재들보다도 쉽고 재미있게 또한 가장 효과적으로 혼자서 일본어를 익힐 수 있도록 알차게 구성하였습니다.

저는 「石の上にも三年(돌 위에도 3년)」 이라는 일본어 격언을 참 좋아합니다.
차가운 돌 위라도 3년을 계속 앉아 있으면 따뜻해진다는 뜻인데, 무슨 일이든 원하는 결과가 금방 나오지 않더라도 쉽게 포기하지 않고 참고 노력하여 최선을 다하면 언젠가는 그 인내와 노력의 결실이 이루어진다는 것을 의미합니다.

여러분도 일본어 공부를 하다가 힘들어서 포기하고 싶어졌을 때 이 격언을 떠올려 보세요. 매일 조금씩이라도 꾸준히 공부해 나간다면 반드시 일본 노래나 드라마까지 이해할 수 있는 일본어의 고수로 거듭날 수 있을 것입니다.

본 교재로 일본어 공부의 첫 발을 내딛게 된 여러분을 진심으로 환영합니다!

저자 정선영

목차

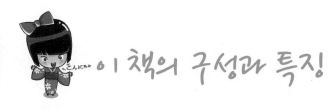 이 책의 구성과 특징

핵심 문법

각 단원에서 꼭 배워야 하는 핵심적인 문법 사항을 [학습 목표]에 맞추어 구성하였습니다. 여기에는 문법 사항뿐만 아니라 해당 문형 속에 들어있는 주요 표현들도 함께 설명되어 있어서 보다 확실하고 정확하게 익힐 수 있습니다. 여기에 제시되어 있는 문법 사항은 반드시 정확히 이해하고 암기하여 자기 것으로 만들어 주세요.

문형 연습

[핵심 문법]을 통해 학습한 문법 사항을 토대로 하여, 문법 사항 속에 포함된 문형을 중심으로 다양한 어휘들을 대입하며 연습하면서 좀 더 확실하게 문형을 익힐 수 있도록 구성하였습니다. 여기에 제시된 어휘들은 일상생활에서 바로 사용할 수 있는 사용빈도가 높은 것들이므로 어휘까지 확실히 익혀 두세요.

실전 회화

[핵심 문법]과 [문형 연습]을 통해 배우고 연습한 문법 사항이 실제 회화문에서 어떻게 사용되는지를 확인할 수 있도록 구성하였습니다. 처음 [실전 회화]를 공부할 때는 교재를 보지 않고 MP3만 들어보고, 그 이후에는 교재와 함께 정확하게 해석해 보고 또다시 여러 번 반복하여 MP3를 들으면서 따라 읽어보기 바랍니다. 회화문 속의 표현을 해설한 〈표현 PLUS〉도 꼭 읽어 보세요.

실력 다지기

[실전 회화]까지 공부해 오면서 반복 학습해 온 [핵심 문법]을 어느 정도 이해했는지 확인해 볼 수 있는 연습문제로, 문제 유형에 따라 〈연습문제1〉과 〈연습문제2〉로 구성하였습니다. 〈연습문제1〉은 [핵심 문법]과 [문형 연습]의 이해도를 확인하기 위한 기본적인 문제들로 구성되어 있고, 〈연습문제2〉는 JLPT(新일본어능력시험)의 실제 문제 형식인 문자, 문법, 청해 문제들로 구성되어 있어서 일본어 자격증 시험에도 충분히 대비할 수 있도록 만들었습니다.

잠깐! 쉬어가기

해당 단원에서 추가로 알아 두면 도움이 될 만한 문법 사항이나 이해하기 까다롭고 복잡한 문형, 함께 알아 두면 효과적인 단어 및 숙어 등의 다양한 주제로 구성하였습니다. [핵심 문법]에서 배운 문법 사항을 다시 한번 제대로 정리해 볼 수 있도록 자세하고 꼼꼼한 설명을 추가했습니다.

마무리! 확인하기

각 단원의 마무리 정리 학습의 개념으로, [핵심 문법]인 문법 사항을 정확히 알고 있는지 점검할 수 있도록 구성하였습니다. 다음 단원으로 넘어가기 전에 이전 단원을 제대로 공부했는지 확인해 볼 수 있어서 큰 도움이 될 것입니다.

이 책의 구성과 특징

▶ 처음 일본어 공부를 시작하는 분들을 위해 Part 1부터 Part 10까지는 모든 일본어에 한글 독음을 달았습니다. 단, 이 독음은 학습을 돕기 위한 것이므로 정확한 발음은 MP3를 들으면서 일본인의 발음을 토대로 반복 학습하시기를 권합니다.

▶ Part 1부터 Part 5까지는 일본어를 어렵게 느끼지 않도록 전부 히라가나로만 표기했습니다. 이후 본격적인 문법 공부인 동사의 활용형을 배우는 Part 6부터는 한자 표기를 넣었습니다. 일본어는 한자 표기가 원칙이므로 꼭 정확히 익혀 두세요.

▶ Part 6부터는 모든 한자에 요미가나(よみがな)를 달았습니다. 처음에는 보면서 읽더라도 가능하면 요미가나를 보지 않고 한자 읽기 연습을 하면 자신도 모르는 사이에 일본어 실력 향상을 느낄 수 있을 것입니다.

▶ 일본어는 원래 쉼표와 마침표 이외에 띄어쓰기가 없지만, 본 교재의 대상 층이 초급자임을 감안하여 모든 문장에 띄어쓰기를 해 두었습니다.

▶ Part 1부터 Part 10까지 모든 일본어의 한글 독음 부분에서 촉음과 발음 부분에는 • 표시가 되어 있습니다. 이 뜻은 장음과는 구별하기 위한 방법으로, 촉음과 발음이 우리말의 받침과 같은 구실을 하지만 우리말의 받침과는 달리 한 박자임을 나타내는 표시이므로, 주의해서 발음하시기 바랍니다.

문자와 발음

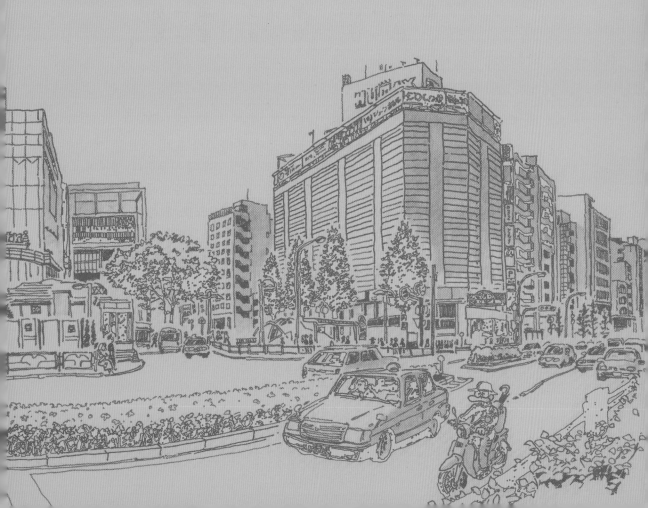

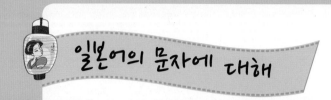
일본어의 문자에 대해

일본어는 ひらがな(Hiragana), カタカナ(Katakana), 漢字(Kanji) 등 세 종류의 글자를 사용하여 표기한다. 우리가 한글과 한자를 병용했듯이, 일본어는 ひらがな와 한자를 혼용하여 표기한다. 그러나 外来語의 경우에는 カタカナ를 쓴다.

1 히라가나(ひらがな)

한자의 초서체에서 비롯되었다.
ひらがな의 성립시기는 平安時代(9C)로 추정된다. 여성들이 주로 사용했으므로 여성글자라 했으나 현대 일본어에서는 인쇄·필기의 모든 경우에 사용되는 기본문자이다.

> 예   以 → い   宇 → う   加 → か
>   計 → け   幾 → き   毛 → も

2 가타카나(カタカナ)

한자의 일부를 차용해서 만든 글자로서 外来語의 표기, 전부문, 의성어·의태어, 동·식물의 이름, 특수한 강조 효과 등의 경우에 사용한다. 일본어의 외래어는 그 발음이 원어(原語)와 다른 경우가 많으므로 주의해야 한다. 일본인에게 원어의 발음대로 하면 통하지 않는 경우가 많으므로, 일본식 발음을 철저히 익혀 원활한 의사소통이 이루어질 수 있도록 하자.

> 예   阿 → ア   伊 → イ   加 → カ
>   호 테 루   코 · 히 ·
>   Hotel → ホテル   Coffee → コーヒー
>   키 무 치   비 · 루
>   김치 → キムチ   Beer → ビール

3 한자(漢字)

중국이나 우리나라에서는 한자를 음으로만 읽는데 비해 일본에서는 한자를 음뿐만 아니라(音読) 훈으로도 읽는다(訓読). 또, 음과 훈이 한 글자에 2개 이상인 경우도 있다.

[訓読] 山(やま)　　　花(はな)　　　紙(かみ)

[音読] 富士山(ふじさん)　　花瓶(かびん)　　紙面(しめん)

한 단어 속에 「음독」과 「훈독」이 섞인 경우도 있다.

예　每朝(まいあさ)　　消印(けしいん)
　　 음독　훈독　　　 훈독　음독

오십음도

●○ 히라가나 [ひらがな]

	あ행	か행	さ행	た행	な행	は행	ま행	や행	ら행	わ행	
あ단	あ [a]	か [ka]	さ [sa]	た [ta]	な [na]	は [ha]	ま [ma]	や [ya]	ら [ra]	わ [wa]	ん [N]
い단	い [i]	き [ki]	し [shi]	ち [chi]	に [ni]	ひ [hi]	み [mi]		り [ri]		
う단	う [u]	く [ku]	す [su]	つ [tsu]	ぬ [nu]	ふ [fu]	む [mu]	ゆ [yu]	る [ru]		
え단	え [e]	け [ke]	せ [se]	て [te]	ね [ne]	へ [he]	め [me]		れ [re]		
お단	お [o]	こ [ko]	そ [so]	と [to]	の [no]	ほ [ho]	も [mo]	よ [yo]	ろ [ro]	を [o]	

●● 가타카나 [カタカナ]

	ア행	カ행	サ행	タ행	ナ행	ハ행	マ행	ヤ행	ラ행	ワ행	
ア단	ア [a]	カ [ka]	サ [sa]	タ [ta]	ナ [na]	ハ [ha]	マ [ma]	ヤ [ya]	ラ [ra]	ワ [wa]	ン [N]
イ단	イ [i]	キ [ki]	シ [shi]	チ [chi]	ニ [ni]	ヒ [hi]	ミ [mi]		リ [ri]		
ウ단	ウ [u]	ク [ku]	ス [su]	ツ [tsu]	ヌ [nu]	フ [fu]	ム [mu]	ユ [yu]	ル [ru]		
エ단	エ [e]	ケ [ke]	セ [se]	テ [te]	ネ [ne]	ヘ [he]	メ [me]		レ [re]		
オ단	オ [o]	コ [ko]	ソ [so]	ト [to]	ノ [no]	ホ [ho]	モ [mo]	ヨ [yo]	ロ [ro]	ヲ [o]	

行 다음 표에서 가로줄을 행(行)이라고 부르며, 각 行의 머리글자를 따서 「○行」이라고 칭한다. 이를테면, 「か行」은 「か・き・く・け・こ」를 가리키며 첫글자를 따서 「か行」이라 하였다.

段 50음도에서 세로줄을 단(段)이라 부른다. 이것 역시 그 줄의 첫글자를 따서 「○段」이라 칭한다. 段은 「あ段」・「い段」・「う段」・「え段」・「お段」의 5가지가 있으며, 「あ段」의 의미는 그 段에 속해 있는 모든 글자가 「아」모음으로 끝나는 것을 의미한다.

●● 탁음 [濁音]

	が행	ざ행	だ행	ば행
あ단	が [ga]	ざ [za]	だ [da]	ば [ba]
い단	ぎ [gi]	じ [ji]	ぢ [ji]	び [bi]
う단	ぐ [gu]	ず [zu]	づ [zu]	ぶ [bu]
え단	げ [ge]	ぜ [ze]	で [de]	べ [be]
お단	ご [go]	ぞ [zo]	ど [do]	ぼ [bo]

●● 반탁음 [半濁音]

	ぱ행
あ단	ぱ [pa]
い단	ぴ [pi]
う단	ぷ [pu]
え단	ぺ [pe]
お단	ぽ [po]

●● 요음 [拗音]

きゃ kya	しゃ sha	ちゃ cha	にゃ nya	ひゃ hya	みゃ mya	りゃ rya	ぎゃ gya	じゃ ja	びゃ bya	ぴゃ pya
きゅ kyu	しゅ shu	ちゅ chu	にゅ nyu	ひゅ hyu	みゅ myu	りゅ ryu	ぎゅ gyu	じゅ ju	びゅ byu	ぴゅ pyu
きょ kyo	しょ sho	ちょ cho	にょ nyo	ひょ hyo	みょ myo	りょ ryo	ぎょ gyo	じょ jo	びょ byo	ぴょ pyo

청음이란 가나에 탁점 「ﾟ」이 없는 글자를 말한다.

「あ行」의 발음은 한글 「아·이·우·에·오」와 비슷하지만 「う」는 입술을 둥글게 하지 않고 내는 소리라서 한글 「으」와 「우」의 중간 발음에 가깝다.

★ 대사를 읽고 일본어 글자의 발음이 무엇인지 맞혀보세요.

あ行 あ い う え お

| あ [a] | い [i] | う [u] | え [e] | お [o] |

- あい [a i] 사랑
- うえ [u e] 위
- あおい [a o i] 파랗다

- いえ [i e] 집
- おい [o i] 조카
- おおい [oː i] 많다

ア行 ア イ ウ エ オ

| ア [a] | イ [i] | ウ [u] | エ [e] | オ [o] |

- エアコン [e a koN] 에어컨
- ウイスキー [u i su kiː] 위스키

- インク [iɴ ku] 잉크
- オイル [o i ru] 기름

Tip

あ (ア)는 우리말의 '아' 발음과 거의 같습니다. 단, 뒤에서 배울 '와' 발음과 확실히 구분되도록 주의해서 발음하세요.

い (イ)는 우리말의 '이' 발음과 거의 같습니다. 우리나라 사람은 거의 틀릴 일 없는 발음이죠.

う (ウ)는 あ행에서 가장 주의해야 할 발음입니다. 우리말의 '우' 발음은 입술을 둥글게 한 뒤 쭈욱 내밀어서 발음하지만, 일본어의 う 발음은 입술을 둥글게 하지 않고 약간만 내밀어서 부드럽게 발음합니다.

え (エ)는 '애'와 '에'의 중간 발음입니다. え는 '그림'이라는 뜻도 있고, 뭔가 뜻밖의 말을 들었을 때 え라고 반문하기도 합니다. 이때는 끝을 올려서 발음합니다.

お (オ)는 '오'와 거의 비슷하지만, 입술을 내밀지 않고 발음합니다. 또, おう(왕)처럼 お 뒤에 う가 오는 낱말에서는 뒤의 う가 お로 발음됩니다.

청음 (清音)

か

행

「か行」의 자음 발음은 어두에 오면 우리말「ㄱ」과「ㅋ」의 중간음이 되고, 단어의 중간이나 끝에 오면 우리말「ㄲ」에 가깝다.

★ 대사를 읽고 일본어 글자의 발음이 무엇인지 맞혀보세요.

か^行 か き く け こ

[ka]　[ki]　[ku]　[ke]　[ko]

- あき [a ki] 가을
- あかい [a ka i] 빨갛다
- きく [ki ku] 국화

- かき [ka ki] 감
- きかい [ki ka i] 기계
- ここ [ko ko] 여기

カ^行 カ キ ク ケ コ

[ka]　[ki]　[ku]　[ke]　[ko]

- ケーキ [ke: ki] 케이크
- コアラ [ko a ra] 코알라
- カメラ [ka me ra] 카메라

- ココア [ko ko a] 코코아
- カレンダー [ka ren da:] 캘린더
- カラオケ [ka ra o ke] 가라오케

か (カ)는 '카'나 'ka'로 표기하지만, 사실은 '가'와 '카'의 중간 발음으로 발음해야 합니다. 실제 일본 사람들 발음을 들어보시면 '카'보다는 약하지요. 또 か가 단어의 중간이나 끝에 올 경우는 '까'로 발음 합니다.

き (キ)는 か와 마찬가지로 '기'보다는 강하게, '키'보다는 약하게 발음합니다.

く (ク)는 우리말 '구'와 '쿠'의 중간 발음입니다.

け (ケ)는 우리말 '게'와 '케'의 중간 발음입니다.

こ (コ)는 우리말 '고'와 '코'의 중간 발음입니다.

 청음 (清音)

 さ 행

> 「さ行」의 발음은 한글 「사·시·스·세·소」와 같으나, 「す」는 한글 「스」와 「수」의 중간 발음이므로 주의해야 한다. 또, 「す」는 단어 끝에 오면 「스」에 가깝게 발음된다.

★ 대사를 읽고 일본어 글자의 발음이 무엇인지 맞혀보세요.

さ 귀자!

し 큰둥~

す 케줄이 바빠서 이만.

せ 번째 차였다…….

そ 개팅은 나랑 맞지 않아.

さ行

さ	し	す	せ	そ
[sa]	[shi]	[su]	[se]	[so]

- あさ [a sa] 아침
- さけ [sa ke] 술
- いす [i su] 의자
- けさ [ke sa] 오늘 아침
- すし [su shi] 초밥
- せき [se ki] 자리

サ行

サ	シ	ス	セ	ソ
[sa]	[shi]	[su]	[se]	[so]

- システム [shi su te mu] 시스템
- サイコ [sa i ko] 사이코
- セーター [se: ta:] 스웨터
- ソース [so: su] 출처

Tip

さ (サ)는 우리말 '사'와 발음이 거의 같습니다.

し (シ)는 '시'보다는 '쉬'에 가깝게 발음하며, 발음할 때 혀가 아래쪽으로 붙어야 합니다. し는 4라는 뜻도 있고 '죽을 死'를 뜻하기도 합니다. 우리말과 같죠.

す (ス)는 '수' 보다는 '스'에 가깝게 발음합니다.

せ (セ)는 우리말 '세'와 발음이 같습니다.

そ (ソ)는 우리말 '소'와 발음이 같습니다. そ 뒤에 오는 うは '우'가 아닌 '오'로 발음됩니다.

청음 (清音)

「た行」의 발음은 어두에 오면 우리말 「ㄷ」과 「ㅌ」의 중간음이다. 어두에 올 때는 「타·치·츠·테·토」에 가깝게, 단어의 중간이나 끝에 올 때는 「따·찌·쯔·떼·또」에 가깝게 발음한다.

★ 대사를 읽고 일본어 글자의 발음이 무엇인지 맞혀보세요.

た ち つ て と

[ta]　　　[chi]　　　[tsu]　　　[te]　　　[to]

- つくえ [tsu ku e] 책상
  (츠 쿠 에)
- たくあん [ta ku aN] 단무지
  (타 쿠 앙)
- とき [to ki] 때
  (토 끼)

- たかい [ta ka i] 비싸다
  (타 까 이)
- ちち [chi chi] 아버지
  (치 찌)
- かた [ka ta] 어깨
  (카 타)

 タ チ ツ テ ト

[ta]　　　[chi]　　　[tsu]　　　[te]　　　[to]

- テント [ten to] 텐트
  (텐·또)
- タイ [ta i] 태국
  (타 이)
- トイレ [to i re] 화장실
  (토 이 레)

- ツイン [tsu iN] 트윈
  (츠 인)
- コート [koː to] 코트
  (코·토)
- テレビ [te re bi] 텔레비전
  (테 레 비)

た (タ)는 우리말 '타'에 가까운 발음이지만, 단어의 중간이나 끝에 올 때는 '따'에 가깝게 발음합니다.

ち (チ)는 chi라고 표기하는데 '치'보다는 '찌'에 좀더 가깝습니다.

つ (ツ)는 혀 끝부분을 앞니 뒷면과 잇몸이 맞닿아 있는 경계선 부분에 살짝 댄 상태에서 혀로 살짝 차면서 '쯔'라고 발음합니다. 작은 っ로 쓰는 경우에는 뒤에 오는 음에 따라서 'ㄱ, ㅂ, ㅅ' 받침으로 발음합니다.

て (テ)는 우리말 '테'와 '데'의 중간 발음이지만, '테'에 좀더 가깝습니다. 단어의 중간이나 끝에 올 때는 '떼'에 가깝게 발음합니다.

と (ト)는 우리말 '토'와 '도'의 중간 발음이지만, '토'에 좀더 가깝습니다. 단어의 중간이나 끝에 올 때는 '또'에 가깝게 발음합니다.

청음 (清音)

「な行」의 발음은 한글 「나·니·누·네·노」와 같다. 단, 「ぬ」는 우리말 「느」와
「누」의 중간음처럼 발음한다.

★ 대사를 읽고 일본어 글자의 발음이 무엇인지 맞혀보세요.

な^行 # な に ぬ ね の

[na]　　[ni]　　[nu]　　[ne]　　[no]

- なく [na ku] 울다
- にし [ni shi] 서쪽
- ねこ [ne ko] 고양이

- にく [ni ku] 고기
- いぬ [i nu] 개
- のこ [no ko] 톱

ナ^行 # ナ ニ ヌ ネ ノ

[na]　　[ni]　　[nu]　　[ne]　　[no]

- ナース [na: su] 간호사
- ネクタイ [ne ku ta i] 넥타이
- ノート [no: to] 노트

- ニーズ [ni: zu] 욕구
- ノイズ [no i zu] 잡음
- ニュース [nyu: su] 뉴스

Tip

な (ナ)는 우리말 '나'와 발음이 거의 같습니다.
に (ニ)는 우리말 '니'와 발음이 거의 같습니다.
ぬ (ヌ)는 우리말 '누'와 '느'의 중간 발음입니다.
ね (ネ)는 우리말 '네'와 발음이 거의 같습니다.
の (ノ)는 우리말 '노'와 발음이 거의 같습니다.

청음 (淸音)

は
행

「は行」의 발음은 우리말 「ㅎ」과 같다. 단, 「ふ」는 우리말 「흐」와 「후」의 중간이므로 발음에 유의해야 한다.

★ 대사를 읽고 일본어 글자의 발음이 무엇인지 맞혀보세요.

は 지마!

ひ 히, 재밌잖아.

ふ 회 한다, 너.

へ 헤헷! 받아라!

ほ 기심이 지나치면 화를 부르지.

は行

は	ひ	ふ	へ	ほ
[ha]	[hi]	[fu]	[he]	[ho]

- はな [ha na] 꽃
- はし [ha shi] 젓가락
- ふたつ [fu ta tsu] 둘
- はち [ha chi] 여덟
- ひと [hi to] 사람
- ほし [ho shi] 별

ハ行

ハ	ヒ	フ	ヘ	ホ
[ha]	[hi]	[fu]	[he]	[ho]

- コーヒー [ko: hi:] 커피
- フランス [fu ran su] 프랑스
- マフラ [ma fu ra] 머플러
- ホテル [ho te ru] 호텔
- ヘア [he a] 머리카락
- ヒーロー [hi: ro:] 히어로, 영웅

Tip

は (ハ)는 우리말 '하'와 발음이 거의 같습니다.
ひ (ヒ)는 우리말 '히'와 발음이 거의 같습니다.
ふ (フ)는 우리말 '후'와 '흐'의 중간 발음입니다.
へ (ヘ)는 우리말 '헤'와 발음이 거의 같습니다.
ほ (ホ)는 우리말 '호'와 발음이 거의 같습니다.

청음 (清音)

「ま行」의 자음 발음은 우리말 「마·미·무·메·모」와 거의 동일하다. 단,
「む」만 「므」와 「무」의 중간 발음이므로 주의해야 한다.

★ 대사를 읽고 일본어 글자의 발음이 무엇인지 맞혀보세요.

28

ま行

ま	み	む	め	も
[ma]	[mi]	[mu]	[me]	[mo]

- たま [ta ma] 구슬
- みち [mi chi] 길
- むすこ [mu su ko] 아들

- みみ [mi mi] 귀
- さしみ [sa shì mi] 회
- もち [mo chi] 찹쌀떡

マ行

マ	ミ	ム	メ	モ
[ma]	[mi]	[mu]	[me]	[mo]

- メモ [me mo] 메모
- ミルク [mi ru ku] 우유
- ラーメン [raː meN] 라면

- マイク [ma i ku] 마이크
- ホームラン [hoː mu raN] 홈런
- メロン [me roN] 멜론

Tip

ま (マ)는 우리말 '마'와 발음이 거의 같습니다.
み (ミ)는 우리말 '미'와 발음이 거의 같습니다.
む (ム)는 우리말 '무'와 '므'의 중간 발음입니다.
め (メ)는 우리말 '메'와 발음이 거의 같습니다. な행의 ぬ와 헷갈리지 않도록 주의하세요.
も (モ)는 우리말 '모'와 발음이 거의 같습니다.

청음 (清音)

や
행

「や行」의 발음은 우리말 「야·유·요」와 같다. 단, 「ゆ」는 입술이 둥글게 되지 않도록 유의해야 한다. 이 「や·ゆ·よ」를 일본어에서는 반모음이라 한다.

★ 대사를 읽고 일본어 글자의 발음이 무엇인지 맞혀보세요.

や식 먹을까?

ゆ부초밥 어때?

よ 앞에 있으니까 나가자!

- やさい [ya sa i] 야채
- よやく [yo ya ku] 예약
- ゆき [yu ki] 눈(雪)
- よこ [yo ko] 옆

- ヨット [yot to] 요트
- ヨガ [yo ga] 요가
- ユーモア [yuː mo a] 유머
- ユーザー [yuː zaː] 소비자, 유저
- ヤクルト [ya ku ru to] 요구르트
- ヤング [yaŋ gu] 젊은(young)

 や (ヤ)는 우리말 '야'와 발음이 같습니다.

ゆ (ユ)는 우리말 '유'와 거의 같지만, 입술을 앞으로 내밀지 않고 발음합니다.

よ (ヨ)는 우리말 '요'와 거의 같지만, 입술을 앞으로 내밀지 않고 발음합니다. よ 뒤에 오는 う는 '우'로 발음하지 않고 앞의 よ를 길게 빼서 발음합니다.

청음 (清音)

「ら行」의 자음 발음은 우리말 「라·리·루·레·로」와 동일하다.
단, 「る」는 입술이 둥글게 되지 않도록 유의해야 한다.

ら행

★ 대사를 읽고 일본어 글자의 발음이 무엇인지 맞혀보세요.

ら行	ら	り	る	れ	ろ
	[ra]	[ri]	[ru]	[re]	[ro]

- さ^사ら^라 [sa ra] 접시
- え^에ら^라 [e ra] 아가미
- さ^사く^꾸ら^라 [sa ku ra] 벚꽃
- あ^아り^리 [a ri] 개미
- り^리す^스 [ri su] 다람쥐
- く^쿠る^루ま^마 [ku ru ma] 차(車)

ラ行	ラ	リ	ル	レ	ロ
	[ra]	[ri]	[ru]	[re]	[ro]

- ラ^라イ^이バ^바ル^루 [ra i ba ru] 라이벌
- ロ^로ー^루ル [roː ru] 롤
- タ^타オ^오ル^루 [ta o ru] 타월
- レ^레モ^몬ン [re moN] 레몬
- ロ^로シ^시ア^아 [ro shi a] 러시아
- レ^레ス^스ト^토ラ^랑ン [re su to raN] 레스토랑

 Tip

ら (ㅋ)는 우리말 '라'와 발음이 거의 같습니다. 우리말에는 '라'로 시작하는 낱말이 거의 없는데, 일본어에서는 ら로 시작하는 낱말이 꽤 있습니다.

り (リ)는 우리말 '리'와 발음이 거의 같습니다.

る (ル)는 우리말 '루'와 발음이 거의 같습니다.

れ (レ)는 우리말 '레'와 발음이 거의 같습니다.

ろ (ロ)는 우리말 '로'와 발음이 거의 같습니다.

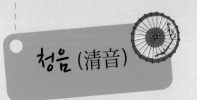

わ
ん 행

「わ」는 우리말 「와」와 거의 발음이 비슷하며, 「を」는 「あ行」의
「お」와 발음은 같지만 조사로만 쓰인다는 점이 다르다.

「ん」은 우리말의 받침과 같은 것으로, 뒤에 오는 글자에 따라서
「ㅁ·ㄴ·ㅇ」등으로 발음된다.

★ 대사를 읽고 일본어 글자의 발음이 무엇인지 맞혀보세요.

34

- わいろ [wa i ro] 뇌물

- ワイフ[wa i fu] 아내
- ワイン [wa iN] 와인

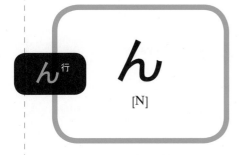

- うんめい [um me:] 운명
- てんき [teŋ ki] 날씨
- でんわ[deN wa] 전화
- たんてい [tan te:] 탐정

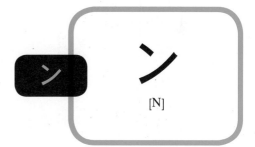

- アンテナ [an te na] 안테나
- センス[sen su] 센스
- メンバー[mem ba:] 멤버
- レンズ[ren zu] 렌즈

わ (ワ)는 우리말 '와'와 비슷하지만, 입 모양을 크게 바꾸지 않고 부드럽게 발음하는 것이 자연스럽습니다.

を (ヲ)는 お(오)와 발음이 똑같지만, 조사로만 사용됩니다.

ん (ン)는 '응'이라고 읽지만, 낱말의 처음에 오는 경우는 거의 없고, 다른 음 뒤에 붙어서 'ㅁ, ㄴ, ㅇ' 받침과 같이 발음됩니다.

* 탁음이란 가나에 탁점 「ﾞ」 붙은 글자를 말하며, 반탁음이란 반탁점 부호 「ﾟ」 붙은 글자를 말한다.

「が行」의 자음 발음은 영어의 [g]와 동일하다. 동경지역에서는 단어의 중간이나 끝에 이 「が行」글자가 오면 이 자음 발음을 [ŋ]으로 발음하기도 했는데, 최근의 젊은이들은 다시 [g]로 발음하는 추세다.

- が か [ga ka] 화가
- か ぎ [ka gi] 열쇠
- か ぐ [ka gu] 가구
- あ ご [a go] 턱

「ざ行」의 자음 발음은 우리말에 없어서, 틀리기 쉬운 발음 중의 하나이다. 앞에서 배운 「さ・し・す・せ・そ」발음의 입모양 그대로에 성대를 울려서 내는 발음이다.

- か ぜ [ka ze] 바람
- す じ [su ji] 줄거리
- ぞ う [zo:] 코끼리
- じ かん [ji kaN] 시간

| だ行 | だ [da] | ぢ [ji] | づ [zu] | で [de] | ど [do] |

「だ行」의 「だ · で · ど」의 자음 발음은 영어의 [d]와 동일하다. 「ぢ · づ」는 「じ」・「ず」에 합류되어, 현재는 특별한 경우 외에는 쓰이지 않는다.

- そで [so de] 소매
- おんど [on do] 온도
- でかい [de ka i] 크다
- いど [i do] 우물

| ば行 | ば [ba] | び [bi] | ぶ [bu] | べ [be] | ぼ [bo] |

「ば行」의 자음 발음은 우리말의 「바·비·부·베·보」로 나타내기는 하지만, 우리말과는 달리 성대를 울려 내는 소리이다.

- はば [ha ba] 폭
- えび [e bi] 새우
- ばか [ba ka] 바보
- ぼうし [bo: shi] 모자

| ぱ行 | ぱ [pa] | ぴ [pi] | ぷ [pu] | ぺ [pe] | ぽ [po] |

「ぱ行」의 자음 발음은 영어의 [p]와 우리말 「ㅍ」의 중간음이다. 「ぱ · ぴ · ぷ · ぺ · ぽ」를 반탁음이라고 한다.

- たんぽぽ [tam po po] 민들레
- ほっぺた [hop pe ta] 뺨
- はっぱ [hap pa] 잎사귀
- むてっぽう [mu tep po:] 무모함

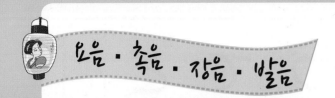

★ 요음(拗音)

반모음 「や・ゆ・よ」가 다른 가나와 함께 쓰여, 그 가나와 함께 한 글자처럼 발음하는 경우를 요음이라고 한다. 단, 요음에서의 반모음 「や・ゆ・よ」는 가나의 오른쪽 밑에 작게 쓰며 오직 「い段」이 들어 있는 글자와 함께 쓰인다.

예 | おきゃくさん [o kya ku saN] 손님 | きょり [kyo ri] 거리
しゃかい [sha ka i] 사회 | しゅみ [shu mi] 취미
おちゃ [o cha] 차(茶) | ちゅうしゃ [chu: sha] 주차

★ 촉음(促音)

촉음은 우리말의 받침과 같은 역할을 하는 것으로서 「つ」자를 가나의 오른쪽 밑에 작게 써서 나타낸다. 단, 발음은 바로 뒷글자의 영향을 받아 뒷글자의 자음과 일치하는데, 음의 길이가 우리의 받침과는 달리 한 박자이므로 주의를 요한다.

(1) 「k」받침이 되는 경우

예 | いっき [ik ki] 단숨에 마심 | きっかけ [kik ka ke] 계기

(2) 「s」받침이 되는 경우

예 | いっさい [is sa i] 한 살 | さっそく [sas so ku] 즉시

(3) 「t」받침이 되는 경우

예 | きって [kit te] 우표 | おっと [ot to] 남편

(4) 「p」받침이 되는 경우

예 | いっぱい [ip pa i] 한잔 | しっぽ [ship po] 꼬리

★ 장음(長音)

장음은 원칙적으로 다음과 같이 표기한다.

(1) 「あ」段 글자 뒤에 오는 「あ」는 앞글자가 장음임을 나타낸다.

> 예 おばあさん[o baː saN] 할머니　　おかあさん[o kaː saN] 어머니

(2) 「い」段 글자 뒤에 오는 「い」는 앞글자가 장음임을 나타낸다.

> 예 にいさん[niː saN] 형님　　おじいさん[o jiː saN] 할아버지

(3) 「う」段 글자 뒤에 오는 「う」는 앞글자가 장음임을 나타낸다.

> 예 くうき[kuː ki] 공기　　ふうぞく [fuː zo ku] 풍속

(4) 「え」段 글자 뒤에 오는 「え」는 앞글자가 장음임을 나타낸다.

> 예 おねえさん[o neː saN] 누나

한자어에서는 「え段」 글자 뒤에 「い」를 써서 장음을 나타낸다. 이때 「い」는 장음 표기이므로 앞글자만 길게 발음하고 「い」는 발음하지 않는다.

> 예 せんせい [sen seː] 선생님　　えいが [eː ga] 영화

(5) 「お」段 글자 뒤에 오는 「う」, 「お」는 앞글자가 장음임을 나타낸다.

> 예 どうろ[doː ro] 도로　　おとうさん[o toː saN] 아버지
>
> ほうせき [hoː se ki] 보석　　とおり [toː ri] 길
>
> おおさか [oː sa ka] 오사카　　こおり [koː ri] 얼음

(6) カタカナ의 장음은 「ー」로 나타낸다.

> 예 ワープロ [waː pu ro] 워드프로세서　　サービス [saː bi su] 서비스

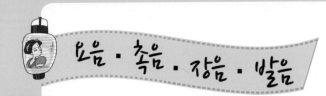

★ 발음(撥音)

일본어의 「ん」은 우리말의 받침과 같은 구실을 하는데 뒤에 오는 글자에 따라 발음이 달라진다. 단, 「ん」은 우리말의 받침과는 달리 한 박자이므로 주의해야 한다.

(1) ㅇ 「ŋ」으로 ⇒ 「か」, 「が」 行 앞에서

예 おんがく [oŋ ga ku] 음악　　はんけつ [haŋ ke tsu] 판결

けんがく [keŋ ga ku] 견학　　りんご [riŋ go] 사과

(2) ㄴ 「n」으로 ⇒ 「さ」, 「ざ」, 「た」, 「だ」, 「な」, 「ら」 行 앞에서

예 テント [ten·to] 텐트　　ねんだい [nen da i] 연대

けんさ [ken sa] 검사　　こんにち [kon ni chi] 오늘(날)

せんせい [sen se:] 선생님　　しんらい [shin ra i] 신뢰

(3) ㅁ 「m」으로 ⇒ 「ま」, 「ば」, 「ぱ」 行 앞에서

예 さんぽ [sam po] 산책　　えんぴつ [em pi tsu] 연필

さんま [sam ma] 꽁치　　しんぶん [shim buN] 신문

(4) 「ㄴ」과 「ㅇ」의 중간음 「N」⇒ 「あ」, 「わ」, 「や」, 「は」 行 앞에서

예 まんいん [maN iN] 만원　　でんわ [deN wa] 전화

ほんや [hoN ya] 서점　　れんあい [reN ai] 연애

しんゆう [shiN yu:] 친구　　ほん [hoN] 책

대체로 이와 같이 4가지로 분류하나 학자마다 그 구분이 조금씩 다른 경우도 있다.

인사말

□□ **おはようございます。** 안녕하세요.(아침 인사)

□□ **いただきます。** 잘 먹겠습니다.

□□ **ごちそうさまでした。** 잘 먹었습니다.

□□ **いってきます。** 다녀오겠습니다.

□□ **いってらっしゃい。** 잘 다녀오너라. 잘 다녀오세요.

□□ **こんにちは。** 안녕하세요.(낮 인사)

□□ **ありがとうございます。** 고맙습니다.

□□ **どういたしまして。** 천만에요.

□□ **どうもすみません。** 죄송해요.

□□ **だいじょうぶです。** 괜찮아요.

□□ **じゃあね。** 안녕!(헤어질 때)

□□ **またね。** 안녕!(헤어질 때)

□□ **おさきにしつれいします。** 먼저 실례하겠습니다.

□□ **おつかれさまでした。** 고생하셨습니다.

□□ **こんばんは。** 안녕하세요.(밤 인사)

□□ **ただいま。** 다녀왔습니다.

□□ **おかえりなさい。** 잘 다녀왔니. 잘 다녀오셨어요.

□□ **おやすみなさい。** 안녕히 주무세요.

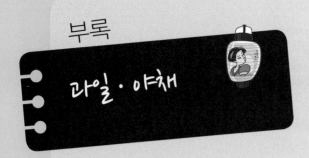

부록

과일·야채

□□ **スイカ** 수박

□□ **レモン** 레몬

□□ **バナナ** 바나나

□□ **いちご** 딸기

□□ **みかん** 귤

□□ **りんご** 사과

□□ **かき** 감

□□ **なし** 배

□□ **メロン** 멜론

□□ **パイナップル** 파인애플

□□ **ぶどう** 포도

□□ **モモ** 복숭아

□□ **さくらんぼ** 앵두

□□ **はくさい** 배추

□□ **キャベツ** 양배추

□□ **きゅうり** 오이

□□ **ねぎ** 파

□□ **じゃがいも** 감자

□□ **たまねぎ** 양파

□□ **なす** 가지

□□ **カボチャ** 호박

□□ **にんじん** 당근

□□ **だいこん** 무

□□ **ほうれんそう** 시금치

□□ **さつまいも** 고구마

학습 목표
- 인칭대명사
- 지시대명사 〔사물 / 명사 수식〕
- 명사의 긍정 표현 : ~です
- 명사의 부정 표현 : ~じゃ ありません

MP3 1-9

01

와 따 시 와 인 · 타 - ㄴ · 데 스
わたしは インターンです。
저 는 인턴 입니다.

반말은 이렇게 말해요! わたし(は)インターン。 난 인턴이야.

わたし 저, 나

「わたし」는 자기 자신을 가리키는 1인칭 대명사입니다. 성별에 상관없이 남녀노소 누구나 쓸 수 있지요. 그런데 일본어의 1인칭 대명사에는 남자만 사용하는 「ぼく」와 「おれ」도 있으므로 함께 알아두세요. 그럼, 일본어의 인칭 대명사에 대해 함께 살펴볼까요?

	1인칭 대명사	2인칭 대명사	3인칭 대명사
남녀 공통	わたし(私) 저, 나	あなた 당신, 너	かれ(彼) 그
남자	ぼく(僕) / おれ(俺) 나	きみ(君) 자네, 너	かのじょ(彼女) 그녀
여자	あたし 나		

～は ～です ~은/는 ~입니다

「～は」는 '~은/는'이라는 뜻의 주격 조사인데, 「は」가 조사로 쓰일 때는 반드시 [wa]로 읽어야 한다는 것을 꼭 기억해 두세요. 그리고 「～です」는 '~입니다'라는 뜻의 정중한 표현입니다. 이 문형은 모두 명사 뒤에 연결하여 명사의 긍정문을 만드는 가장 기본적인 문형입니다.
참고로, 「～です」에 의문을 나타내는 「～か」가 붙어 「～ですか」의 형태가 되면 '~입니까?'라 는 의문의 뜻을 나타내는 문형이 되므로 함께 알아두세요.

예 ぼくは かいしゃいんです。 나는 회사원입니다.

かれは ともだちです。   그는 친구입니다.

かのじょは せんせいですか。 그녀는 선생님입니까?

Tip

1. 공손하게 말할 때는 「ぼく」나 「おれ」, 「あたし」를 쓰지 말고 「わたし」를 쓰는 것이 좋습니다.

2. 「あなた」는 아내가 남편을 부를 때도 쓰여요. 또한 「きみ」도 「おれ」와 같이 반말 표현이라서 손윗사람에게는 쓸 수 없답니다.

3. 「かれ」와 「かのじょ」는 사귀고 있는 이성친구를 뜻하기도 합니다. 참고로, 남자친구는 「かれし」라고도 한답니다.

word

インターン 인턴
かいしゃいん 회사원
ともだち 친구
せんせい 선생님

02

이 - 에　인 · 타 - ㄴ · 쟈　아 리 마 셍 ·

いいえ、インターンじゃ ありません。

아니요,　　　　인턴　　　이　　　아닙니다.

반말은 이렇게 말해요! ううん、インターンじゃ ない。 아니, 인턴이 아니야.

いいえ　아니요

「いいえ」는 '아니요'라는 부정의 뜻을 가진 대답 표현입니다. 반대로 '예, 네'라는 긍정의 뜻을 가진 대답 표현은 「はい」입니다. 일반적으로 대답 표현 뒤에는 아래와 같이 「そうだ(그렇다)」를 함께 쓰는 경우가 많습니다. 대답 표현과 어울리는 「そうだ」의 형태를 함께 살펴볼까요?

예 はい、そうです。　　　　네, 그렇습니다.

いいえ、そうじゃ ありません。 아니요, 그렇지 않습니다.

Tip

「はい」와 「いいえ」에도 정중하지 않은 가벼운 대답 표현이 있답니다. 「はい」에는 「ええ(네)」와 「うん(응)」이 있고, 「いいえ」에는 「いや(아뇨)」와 「ううん(아니)」이 있지요. 이 중에서 「うん」과 「ううん」은 반말이므로 손윗사람에게는 쓰지 않도록 주의하세요.

～じゃ ありません　～이/가 아닙니다

「～じゃ ありません」은 「～です(～입니다)」의 부정 표현으로 '～이/가 아닙니다'라는 뜻입니다. 항상 명사 뒤에 연결되는 문형이지요. 참고로, 이 문형의 문장체 표현은 「～ではありません」이 됩니다. 또한, 「～じゃ ありません」보다 가벼운 회화체 표현으로는 「～じゃないです」쪽을 사용하기도 하므로 함께 알아두세요.

예 くるまじゃ ありません/ないです。 자동차가 아닙니다.

にほんじんじゃ ありません/ないです。 일본인이 아닙니다.

かばんじゃ ありません/ないです。 가방이 아닙니다.

いすじゃ ありません/ないです。 의자가 아닙니다.

word

くるま 자동차
にほんじん 일본인
かばん 가방
いす 의자

MP3 1-9

03

코 레 와　와 따 시 노　케 - 따 이 데 스
これは わたしの けいたいです。
이것 은　저 의　휴대전화　입니다.

반말은 이렇게 말해요! これ(は) わたしの けいたい。 이건 내 휴대전화야.

🔍 これ 이것

「これ」는 '이것'이라는 뜻으로, 사물을 가리킬 때 쓰는 지시대명사입니다. 지시대명사는 「こ(이)·そ(그)·あ(저)·ど(어느)」라고 기억해 두세요. 그럼, 사물을 가리키는 지시대 명사와 함께 「こ·そ·あ·ど」는 각각 어떠한 경우에 써야 하는지에 대해서도 살펴볼까요?

こ·소·あ·ど의 사용법		지시대명사(사물)
こ~ (이~)	말하는 사람 쪽에 더 가깝게 있는 경우	これ 이것
そ~ (그~)	상대방 쪽에 더 가깝게 있는 경우	それ 그것
あ~ (저~)	말하는 사람과 상대방 모두로부터 멀리 있는 경우	あれ 저것
ど~ (어느~)	여러 가지 중에서 어느 한 가지를 물어보는 경우	どれ 어느 것

예 これは はなです。 이것은 꽃입니다.

　　あれは ほんです。 저것은 책입니다.

🔍 ~の ~의

「~の」는 '~의'라는 뜻의 조사로, 명사와 명사 사이를 이어주는 역할을 합니다. 「の」의 앞 뒤에 올 수 있는 명사는 사물이든 사람이든 상관없이 모두 올 수 있습니다.

예 ともだちの くつです。 친구의 신발입니다.

　　にほんごの ほんです。 일본어(의) 책입니다.

Tip

「こ·そ·あ·ど」로 질 문과 대답을 할 때는 「こ (이)」는 「そ(그)」로, 「そ (그)」는 「こ(이)」로 대답 해야 해요. 단, 「あ(저)」 로 묻는 경우에는 똑같 이 「あ(저)」로 대답해야 하므로 주의하세요.

word

けいたい 휴대전화
はな 꽃
ほん 책
ともだち 친구
くつ 신발
にほんご 일본어

04

코 노 카 사 와 다 레 노 데 스 까
この かさは だれのですか。
이　　　우산　은　　누구 의것 입니까?

🐱 반말은 이렇게 말해요! この かさ、だれの？ 이 우산, 누구 거야?

🔍 **この～　이～**

「この」는 '이'라는 뜻의 지시대명사로, 단독으로는 쓸 수 없고 반드시 뒤에 오는 명사와 함께 쓰입니다. 뒤에 「ひと(사람)」를 연결하면 사람을 가리키는 표현이 되지요.

지시대명사 (명사 수식)	この ～ (이 ～)	その ～ (그 ～)	あの ～ (저 ～)	どの ～ (어느 ～)

> **Tip**
>
> この かさ 이 우산
> その ひと 그 사람
> あの はな 저 꽃
> どの ペン 어느 펜

🔍 **だれ　누구**

「だれ」는 '누구'라는 뜻의 의문사로, 사람에 대해 물어볼 때 씁니다. 반대로 사물에 대해 물어볼 때 쓰는 의문사는 '무엇'이라는 뜻의 「なん」입니다. 함께 알아두세요.

(예) あの ひとは だれですか。 저 사람은 누구입니까?

> **Tip**
>
> 「だれ(누구)」의 높임말은 「どなた(어느 분)」라고 합니다.

🔍 **～のですか　～의 것입니까?**

여기에 쓰인 「～の」는 '～의 것'이라는 뜻의 '소유대명사'로, 뒤에 명사가 연결되지 않습니다. 「の」 뒤에 「～です(～입니다)・～じゃ ないです(～이/가 아닙니다)・～ですか(～입니까?)」 등의 서술 문형이 연결되면 '～의 것'이라고 해석해야 합니다.

(예) この ペンは せんせいのです。 이 펜은 선생님의 것입니다.
　　 あの めがねは だれのですか。 저 안경은 누구의 것입니까?

> **word**
>
> かさ 우산
> ひと 사람
> ペン 펜
> せんせい 선생님
> めがね 안경

1

와 따 시 와　인 · 타 ― ㄴ · 데 스
わたしは インターンです。 저는 인턴입니다.

카 레　센 · 세 ―
① **かれ － せんせい**

아 니　다 이 각 세 ―
② **あに － だいがくせい**

이 모 ― 또　카 이 샤 인 ·
③ **いもうと － かいしゃいん**

코 노 히 또　코 ― 꼬 ― 세 ―
④ **この ひと － こうこうせい**

> word
> **かれ** 그 | **せんせい** 선생님 | **あに** 형, 오빠 | **だいがくせい** 대학생 | **いもうと** 여동생
> | **かいしゃいん** 회사원 | **この ひと** 이 사람 | **こうこうせい** 고등학생

2

이 ― 에　인 · 타 ― ㄴ · 쟈　아 리 마 셍 ·
いいえ、インターンじゃ ありません。 아니요, 인턴이 아닙니다.

샤　인 · 데 스
しゃいんです。 사원입니다.

혼 ·　지 쇼
① **ほん － じしょ**

니 혼 · 진 ·　캉 · 꼬 꾸 진 ·
② **にほんじん － かんこくじん**

히 라 가 나　카 따 까 나
③ **ひらがな － カタカナ**

펜 ·　엠 · 삐 쯔
④ **ペン － えんぴつ**

> word
> **ほん** 책 | **じしょ** 사전 | **にほんじん** 일본인 | **かんこくじん** 한국인 |
> **ひらがな** 히라가나 | **カタカナ** 가타카나 | **ペン** 펜 | **えんぴつ** 연필

3

코 레 와   와 따 시 노   케 - 따 이 데 스
これは わたしの けいたいです。 이것은 저의 휴대전화입니다.

소 레   지 텐 · 샤
① それ － じてんしゃ

아 레   닝 · 교 ㅡ
② あれ － にんぎょう

소 레   코 - 또
③ それ － コート

아 레   링 · 고
④ あれ － りんご

> word
> **それ** 그것 | **じてんしゃ** 자전거 | **あれ** 저것 | **にんぎょう** 인형 |
> **コート** 코트 | **りんご** 사과

4

코 노   카 사 와   다 레 노 데 스 까
A : **この かさは だれのですか。** 이 우산은 누구의 것입니까?

소 노   카 사 와   파 꾸 산 · 노 데 스
B : **その かさは パクさんのです。** 그 우산은 박 씨의 것입니다.

토 께 -   타 나 까 상 ·
① とけい － たなかさん

보 - 시   아 니
② ぼうし － あに

망 · 가   토 모 다 찌
③ まんが － ともだち

캅 · 뿌   이 상 ·
④ カップ － イさん

> word
> **とけい** 시계 | **たなか** 다나카(田中) | **～さん** ～씨 | **ぼうし** 모자 |
> **あに** 형, 오빠 | **まんが** 만화(책) | **ともだち** 친구 | **カップ** 컵 | **イ** 이(李)

▶ MP3 1-14 따라읽기 MP3 1-16

キム　　はじめまして。キムです。
　　　　하지메마시떼　　키무데스
　　　　①　　　　　②

すずき　はじめまして。すずきです。
　　　　하지메마시떼　　스즈끼데스
　　　　③　　　　　④

キム　　わたしは インターンです。よろしく おねがい します。
　　　　와따시와 인·타-ㄴ·데스　요로시꾸 오네가이 시마스
　　　　⑤　　　　⑥　　　　⑦　　　⑧　　　⑨

　　　　すずきさんも インターンですか。
　　　　스즈끼삼·모 인·타-ㄴ·데스까
　　　　⑩　　　　　⑪

すずき　いいえ、わたしは インターンじゃ ありません。
　　　　이-에　와따시와 인·타-ㄴ·쟈 아리마셍·
　　　　⑫　　⑬　　　　⑭　　　⑮

　　　　しゃいんです。
　　　　샤·인·데스
　　　　⑯

▶ MP3 1-15 따라읽기 MP3 1-17

イ　　　はやしさん、それは なんですか。
　　　　하야시상·　소레와 난·데스까
　　　　①　　　　②　　③

はやし　ああ、これは わたしの けいたいです。
　　　　아-　코레와 와따시노 케-따이데스
　　　　④　　⑤　　⑥　　　⑦

イ　　　そうですか。じゃ、この かさは だれの ですか。
　　　　소-데스까　쟈　쿠노 카사와 다레노 데스끼
　　　　⑧　　　　⑨　⑩　⑪　　⑫　⑬

はやし　その かさは わたしのじゃ ありません。
　　　　소노 카사와 와따시노쟈 아리마셍·
　　　　⑭　⑮　　⑯　　⑰

　　　　それは たぶん パクさんの です。
　　　　소레와 타붕· 파꾸산·노 데스
　　　　⑱　　⑲　　⑳　　㉑

🐱 어휘력 쑥쑥 키우기!

はじめまして 처음 뵙겠습니다	~も ~도	じゃ 그럼
すずき 스즈키(鈴木)	しゃいん 사원	かさ 우산
インターン 인턴	はやし 하야시(林)	だれ 누구
よろしく おねがい します	なん 무엇	たぶん 아마
잘 부탁합니다	けいたい 휴대전화	パク 박(朴)
~さん ~씨	そうですか 그렇군요	

김　　　처음 뵙겠습니다. 김입니다.
　　　　　　①　　　　　　②

스즈키　처음 뵙겠습니다. 스즈키입니다.
　　　　　　③　　　　　　④

김　　　저는 인턴입니다. 잘 부탁합니다.
　　　　　⑤　⑥　　⑦　⑧　⑨

　　　　스즈키 씨도 인턴입니까?
　　　　　　⑩　　　　⑪

스즈키　아니요, 저는 인턴이 아닙니다. 사원입니다.
　　　　　⑫　　⑬　⑭　　⑮　　　　⑯

 이　　　하야시 씨, 그것은 무엇입니까?
　　　　　　①　　　②　　③

하야시　아~, 이것은 제 휴대전화입니다.
　　　　　④　⑤　⑥　　　⑦

이　　　그렇군요. 그럼, 이 우산은 누구의 것입니까?
　　　　　　⑧　　⑨　⑩　⑪　　⑫　　⑬

하야시　그 우산은 제 것이 아닙니다.
　　　　　⑭　⑮　⑯　⑰

　　　　그것은 아마 박 씨의 것입니다.
　　　　　⑱　⑲　　⑳　　㉑

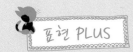 표현 PLUS

★ **はじめまして**　처음 뵙겠습니다

누군가와 처음 만났을 때 서로 주고받는 인사말로, 나이에 상관없이 모두에게 쓸 수 있어요. 보통 「はじめまして」라고 인사말을 한 후에 「どうぞ よろしく おねがい します(아무쪼록 잘 부탁합니다)」라는 표현을 덧붙여 하는 경우가 많습니다. 함께 알아두세요.

★ **キムです**　김입니다

이 표현은 상대방에게 자신의 이름을 소개할 때 쓰는데, 앞에 「わたしは(저는)」가 생략된 표현입니다. 회화에서는 보통 1인칭 대명사를 생략하여 말하는 경우가 많습니다.

★ **じゃ**　그럼, 그렇다면

원래 형태는 「では」이지만 회화체에서는 줄임말인 「じゃ」를 사용하는 경우가 더 많으므로 함께 알아두세요.

연습문제 1

01 다음 빈칸에 들어갈 알맞은 말을 〔보기〕 중에서 골라 써 보세요.

> 보기 です   は   この   ありません   だれ   の

1 わたし (   ) インターン (   )。

2 これは わたし (   ) けいたいです。

3 (   ) かさは (   ) のですか。

4 いいえ、インターンじゃ (   )。

02 다음 밑줄 친 긍정 표현을 부정 표현으로 바꾸어 써 보세요.

1 かれは しゃいんです。   → (   )

2 その かさは わたしのです。   → (   )

3 あれは わたしの えんぴつです。 → (   )

03 다음 밑줄 친 부분의 우리말 의미에 해당하는 일본어를 써 보세요.

1 _____は しゃいん_____。
　　　저　　　　　　　　　　　　　　입니다

2 _____は わたし_____ けいたいです。
　　　그것　　　　　　　　　　의

3 _____ かさは だれ_____ですか。
　　　저　　　　　　　　　　　　의것

4 _____、インターン_____。
　　아니요　　　　　　　　　　　이 아닙니다

문자 01 다음 빈칸에 들어갈 알맞은 단어를 ①~④ 중에서 골라 보세요.

1 これは （　저,나　） の けいたいです。

① あだし　　　　② わだし　　　　③ わたし　　　　④ わたじ

2 いいえ、（　인턴　） じゃ ありません。

① インタン　　　② インターン　　③ イータン　　　④ インタ

문법 02 _____ ★ _____ 에 들어갈 알맞은 말을 ①~④ 중에서 골라 보세요.

1 それ_____ ★ _____ _____ですか。

① すずきさん　　② の　　　　　③ けいたい　　　④ は

2 この _____ _____ ★ _____です。

① は　　　　　　② キムさん　　③ かさ　　　　　④ の

청해 03 잘 듣고, B의 대답으로 알맞은 것을 ①~③ 중에서 골라 보세요. 🔘 MP3 1-18

1 A : はじめまして。わたしは キムです。

B : ①　　　　　　②　　　　　　③

2 A : それは なんですか。

B : ①　　　　　　②　　　　　　③

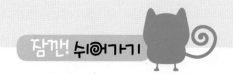
기본적인 인사말 표현

●▶ 만났을 때

- 아침 – おはようございます。 안녕하세요.
- 점심 – こんにちは。 안녕하세요.
- 저녁 – こんばんは。 안녕하세요.

> **Tip** 뒤에 「ございます」를 생략하고 「おはよう」라고만 하면 '안녕'이라는 반말이 돼요.

> **Tip** 「こんにちは」와 「こんばんは」는 친한 친구나 가족끼리는 쓰지 않아요.

●▶ 헤어질 때

- さようなら。 안녕히 가세요/계세요.
- では、また。 그럼 또(만나요).
- また あした。 내일 또(만나요).

> **Tip** 다른 헤어짐의 인사와 달리 오랜기간 헤어지는 경우에 사용해요.

> **Tip** 「では」는 「じゃ」로 바꿔서 쓰는 경우가 많고, 「じゃあね」라고 하면 반말이 돼요.

●▶ 고마울 때

- (どうも) ありがとうございます。
  (매우) 고맙습니다.

> **Tip** 뒤에 「ございます」를 생략하고 「ありがとう」라고만 하면 '고마워'라는 반말이 돼요.
> サンキュー(thank you) 고마워!

●▶ 미안할 때

- (どうも) すみません。 (매우) 죄송합니다.
- ごめんなさい。 미안합니다.

> **Tip** 「どうも(매우, 무척)」라는 부사 하나만 말해도 '미안해요'라는 의미로 쓰여요.

> **Tip** 뒤에 「なさい」를 생략하고 「ごめん」이라고만 하면 '미안해'라는 반말이 돼요.

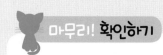
마무리! 확인하기

☐ わたし ☐ インターン ☐ 。 저는 인턴입니다.

☐ ☐ 、 インターン ☐ 。 아니요, 인턴이 아닙니다.

☐ ☐ は わたし ☐ けいたいです。 이것은 저의 휴대전화입니다.

☐ ☐ かさは だれ ☐ ですか。 이 우산은 누구의 것입니까?

학습 목표
- 숫자 / 시간 표현
- 요일 표현
- 명사의 과거 표현 : ~でした
- 명사의 과거 부정 표현 : ~じゃ なかったです

MP3 1-19

01

이 마 난· 지데스 까
<u>いま</u> <u>なんじ</u>ですか。
지금　　 몇 시 　 입니까?

> 반말은 이렇게 말해요! いま なんじ? 지금 몇 시야?

なんじ 몇시

「なん」은 원래 사물을 가리켜서 '무엇'이라는 뜻으로 쓰이는 말인데, 여러 가지 조수사 앞에 붙여서 쓰면 '몇 ~, 무슨 ~'의 뜻이 됩니다.

예　なんじ 몇시　　　　　なんぷん 몇분

　　なんまい 몇장　　　　　なんにん 몇명

　　なんがつ 몇월　　　　　なんようび 무슨요일

숫자 표현

일본어 숫자 중에서 가장 기본적인 1부터 10까지는 다음과 같이 읽습니다. 이 중에서 '4, 7, 9'는 읽는 법이 두 가지이므로 잘 기억해 두세요.

1	2	3	4	5
いち	に	さん	し・よん	ご
6	**7**	**8**	**9**	**10**
ろく	しち・なな	はち	きゅう・く	じゅう

> **Tip**
>
> 「なん」은 뒤에 「が(이/가)」 또는 「を(을/를)」가 오면 「なに」로 읽어요. 즉, 「なにが(무엇이)」와 「なにを(무엇을)」의 형태가 됩니다.

> **Tip**
>
> 숫자 0은 「れい」 또는 「まる」라고 읽지만, 영어 zero를 가타카나로 옮긴 「ゼロ」로 읽는 경우가 많아요.

> **word**
>
> **いま** 지금
> **なん** 무엇, 몇

56

02

깅 · 꼬 – 와 쿠지까라 고지마데데스
ぎんこうは 9じから 5じまでです。
은행은　　　　　9시부터　　　5시까지　　입니다.

ぎんこうは くじから ごじまでだよ。 은행은 9시부터 5시까지야.

～から ～まで ～부터 ～까지

이 표현은 시간이나 장소 등을 가리키는 명사 뒤에 쓰이는 것으로 어떤 범위를 나타낼 때 씁니다. 특히 「から」는 시작되는 부분을 나타내고 「まで」는 끝나는 부분을 나타냅니다.

예 **(시간, 때)** あさから ばんまで　　　아침부터 밤까지

　　(장소)　 かんこくから にほんまで　한국에서 일본까지

시간 표현

일본어로 시(時)는 「じ」라고 읽습니다. 앞에 오는 숫자 뒤에 붙여서 읽으면 되는데, 특히 '4시' 와 '7시', '9시'는 각 숫자의 읽는 음이 다르게 발음되므로 주의해서 외워 주세요.

1시	2시	3시	4시	5시	6시
いちじ	にじ	さんじ	よじ	ごじ	ろくじ
7시	8시	9시	10시	11시	12시
しちじ	はちじ	くじ	じゅうじ	じゅういちじ	じゅうにじ

1분	2분	3분	4분	5분
いっぷん	にふん	さんぷん	よんぷん	ごふん
6분	7분	8분	9분	10분
ろっぷん	ななふん	はっぷん	きゅうふん	じゅっぷん じっぷん

word

ぎんこう 은행
あさ 아침
ばん 밤
かんこく 한국
にほん 일본

MP3 1-19

03

키 노 - 와 스 이 요 - 비 데 시 따
きのうは すいようびでした。
어제는 　　　　수요일 　　이었습니다.

반말은 이렇게 말해요! 　きのうは すいようびだった。 어제는 수요일이었어.

🔊 때를 나타내는 말(1) 날(日)

일본어의 때를 나타내는 말 중에서 날(日)을 기준으로 어떤 말을 쓰는지 알아봅시다.

그저께	어제	오늘	내일	모레
おととい	きのう(昨日)	きょう(今日)	あした(明日)	あさって

🔊 명사의 정중한 과거 표현 : 〜でした ~이었습니다

명사 뒤에 「〜でした」를 붙이면 과거형의 정중한 표현이 됩니다.

예　あの かたは せんせいでした。 저 분은 선생님이었습니다.

かれは かいしゃいんでした。 그는 회사원이었습니다.

Tip

일기예보나 방송 등에서는 '내일'을 「あす」라고도 읽어요.

word

きのう 어제
あの かた 저 분
せんせい 선생님
かれ 그
かいしゃいん 회사원

04

<ruby>いいえ<rt>이 - 에</rt></ruby>、 <ruby>すいようびじゃ<rt>스 이 요 - 비 쟈</rt></ruby> <ruby>なかったです<rt>나 깟· 따데 스</rt></ruby>。

아니요,　　　　수요일이　　　　　아니었습니다.

반말은 이렇게 말해요! いや、すいようびじゃ なかった。 아니, 수요일이 아니었어.

🔍 요일 표현

일본어의 요일 표현은 다음과 같습니다. 참고로, 요일을 물어볼 때는 **「なんようび(무슨 요일)」** 라고 합니다.

월요일	화요일	수요일	목요일	금요일	토요일	일요일
げつようび	かようび	すいようび	もくようび	きんようび	どようび	にちようび

Tip

'토요일'을 읽을 때 '토(土)'를 「と」가 아닌 「ど」로 읽으므로 주의하세요.

🔍 명사의 정중한 과거 부정 표현 : ~じゃ なかったです ~이/가 아니었습니다

명사 뒤에 **「~じゃ なかったです」**를 붙이면 정중한 과거 부정 표현이 됩니다. 좀 더 정중하게 표현하려면 **「~じゃ ありませんでした」**라고 합니다.

예　あの ひとは かしゅじゃ なかったです。 저 사람은 가수가 아니었습니다.

　　それは みずじゃ ありませんでした。 그것은 물이 아니었습니다.

word

あの ひと 저 사람
かしゅ 가수
それ 그것
みず 물

1

이 마 요 지 데 스
いま **4 じ**です。 지금 4시입니다.

고 젠・쥬 – 지
① ごぜん 10じ

고 고 시찌지
② ごご 7じ

아 사 쿠 지
③ あさ 9じ

요 루 쥬–이찌 지
④ よる 11 じ

| word | **ごぜん** 오전 | **ごご** 오후 | **あさ** 아침 | **よる** 밤 |

2

깅・꼬–와　난・지까라　난・지마데데스까
ぎんこうは なんじから なんじまでですか。

은행은 몇 시부터 몇 시까지입니까?

카 이 기
① かいぎ

콤・비 니
② コンビニ

유・빙・꾜 꾸
③ ゆうびんきょく

데 빠 – 또
④ デパート

| word | **かいぎ** 회의 | **コンビニ** 편의점 | **ゆうびんきょく** 우체국 | **デパート** 백화점 |

3

키 노 - 와 스 이 요 - 비 데 시 따
きのうは **すいようび**でした。 <small>어제는 수요일이었습니다.</small>

게 쯔 요 - 비
① げつようび

도 요 - 비
② どようび

카 요 - 비
③ かようび

모 꾸 요 - 비
④ もくようび

---

word **げつようび** 월요일 | **どようび** 토요일 | **かようび** 화요일 | **もくようび** 목요일

4

이 - 에 스 이 요 - 비 쟈 나 깟 • 따 데 스
いいえ、**すいようび**じゃ なかったです。

<small>아니요, 수요일이 아니었습니다.</small>

덴 • 샤
① でんしゃ

테 스 또
② テスト

나 쯔 야 스 미
③ なつやすみ

파 소 꼰 •
④ パソコン

---

word **でんしゃ** 전철 | **テスト** 테스트, 시험 | **なつやすみ** 여름방학 | **パソコン** 컴퓨터

▶ MP3 1-24 따라읽기 MP3 1-26

キム 　스미마셍・이마 난・지데스까
すみません、いま なんじですか。
　　　　① 　　 ② 　　③

すずき 　이마　고고 요지데스
いま、ごご 4じです。
　　 ④ 　 ⑤ 　　⑥

キム 　깅・꼬ー와 난・지까라 난・지마데데스까
ぎんこうは なんじから なんじまでですか。
　　 ⑦ 　　 ⑧ 　　　 ⑨

すずき 　쿠지까라 고지마데데스
9じから 5じまでです。
　　 ⑩ 　　 ⑪

キム 　소ー데스까 　도ー모 아리가또ー 고자이마스
そうですか。どうも ありがとう ございます。
　　 ⑫ 　 　 ⑬ 　　　 ⑭

▶ MP3 1-25 따라읽기 MP3 1-27

さとう 　키노ー와 스이요ー비데시따네
きのうは すいようびでしたね。
　　 ① 　　　 ②

イ 　이ー에 　스이요ー비 쟈 나깟・따데스
いいえ、すいようびじゃ なかったです。
　　③ 　　 ④ 　　　 ⑤

　키노ー와 카요ー비데시따
きのうは かようびでした。
　　⑥ 　　　⑦

さとう 　에 소레 쟈 　아시따가 카이기데스네
え! それじゃ、あしたが かいぎですね。
　 ⑧ ⑨ 　　 ⑩ 　　 ⑪

🐱 어휘력 쑥쑥 키우기!

すみません 저기요	**ありがとうございます**	**え!** 에!
いま 지금	고맙습니다	**それじゃ** 그럼
ごご 오후	**すいようび** 수요일	**あした** 내일
ぎんこう 은행	**~ね** ~네, ~군	**~が** ~이/가
どうも 매우, 너무	**かようび** 화요일	**かいぎ** 회의

김 저기요, 지금 몇 시입니까?
　　　① 　② 　③

스즈키 지금, 오후 4시입니다.
　　　④ 　⑤ 　⑥

김 은행은 몇 시부터 몇 시까지입니까?
　　　⑦ 　⑧ 　⑨

스즈키 9시부터 5시까지입니다.
　　　⑩ 　⑪

김 그렇군요. 매우 고맙습니다.
　　　⑫ 　⑬ 　⑭

 사토 어제는 수요일이었지요?
　　　① 　②

이 아니요, 수요일이 아니었습니다.
　　　③ 　④ 　⑤

　　어제는 화요일이었습니다.
　　　⑥ 　⑦

사토 어! 그렇다면, 내일이 회의군요.
　　　⑧ 　⑨ 　⑩ 　⑪

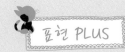 표현 PLUS

★ **すみません** 저기요

원래 「すみません」은 '죄송합니다'라는 뜻으로 사과할 때 쓰는 인사말인데, 식당이나 상점 등에서 점원을 부르거나 누군가에게 길을 물어볼 때는 '저기요'라는 뜻으로 말을 건넬 때 쓰이기도 합니다.

★ **どうも ありがとうございます** 매우/너무 고맙습니다

상대방에게 감사의 뜻을 전할 때 쓰는 인사말로, 대답은 '천만에요'라는 뜻의 「どう いたしまして」입니다. 함께 알아두세요.

★ **かいぎですね** 회의군요

문장 맨 끝에 쓰인 「ね」는 말하는 사람의 감정을 나타내는 종조사로, 일반적으로 억양을 내려서 말하며 '~군, ~네'와 같이 해석하는 경우가 많답니다.

연습문제 1

01 다음 빈칸에 들어갈 알맞은 말을 [보기] 중에서 골라 써 보세요.

> 보기   から   でした   まで   じゃ なかった   なんじ

1 いま (   )ですか。

2 ぎんこうは 9じ(   ) 5じ(   )です。

3 きのうは すいようび(   )。

4 いいえ、すいようび(   )です。

02 다음 밑줄 친 현재 표현을 과거 표현으로 바꾸어 써 보세요.

1 きのうは <u>どようびです</u>。 ➡ (   )

2 それは <u>でんしゃです</u>。   ➡ (   )

3 <u>かようびじゃ ないです</u>。 ➡ (   )

03 다음 밑줄 친 부분의 우리말 의미에 해당하는 일본어를 써 보세요.

1 _____ _____ですか。
　　　지금　　　 몇 시

2 かいぎは _____ 12じ_____です。
　　　　　　　　10시부터　　　　　　　까지

3 _____は もくようび_____。
　　어제　　　　　　　　　　　이었습니다

4 _____、すいようび_____。
　　아니요　　　　　　　　　이 아니었습니다

문자 01 다음 빈칸에 들어갈 알맞은 단어를 ①~④ 중에서 골라 보세요.

1 いま、(4시)です。

① よんじ   ② よじ   ③ しじ   ④ よんし

2 (은행)は なんじから なんじまでですか。

① ぎんこ   ② きんこう   ③ きんごう   ④ ぎんこう

문법 02 _____★_____에 들어갈 알맞은 말을 ①~④ 중에서 골라 보세요.

1 ぎんこうは _____ _____ ___★___ _____です。

① から   ② まで   ③ 5じ   ④ 9じ

2 _____、___★___ _____ _____です。

① いいえ   ② じゃ   ③ すいようび   ④ なかった

청해 03 잘 듣고, B의 대답으로 알맞은 것을 ①~③ 중에서 골라 보세요.   MP3 1-28

1 A : すみません、いま なんじですか。

   B : ①   ②   ③

2 A : きのうは すいようびでしたね。

   B : ①   ②   ③

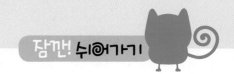
전화번호 읽는 방법

이번 과에서 일본어의 기본적인 숫자인 0부터 10까지 배웠습니다. 숫자와 관련된 표현 중에서 전화번호를 읽는 방법을 배워 보도록 하겠습니다. 이 방법은 전화번호 외에도 우편번호나 아파트나 호텔 등의 호실을 읽는 경우에도 적용되므로 잘 알아두세요.

전화번호를 읽을 때는 다음과 같은 규칙에 따라 읽습니다.

1. 모든 숫자들은 한 개씩 따로따로 읽는다.

2. 하이픈(-)으로 표시되는 것은 「の」로 읽는다.

3. 읽는 음이 1박자인 숫자 2(に)와 5(ご)의 경우는 읽는 음이 2박자인 나머지 숫자들과 음의 길이가 같아지도록 2박자로 길게 늘려서 2(に～)와 5(ご～)라고 읽는다.

4. 읽는 음이 2가지인 숫자 4(し・よん)와 7(しち・なな)의 경우는 각각 4(よん)과 7(なな)의 음으로만 읽는다. 왜냐하면 「し」와 「しち」는 발음이 비슷하여 정확하게 숫자를 전달하기 어렵기 때문이다.

5. 숫자 0은 주로 「ゼロ(zero)」라고 읽지만, 「まる」 또는 「れい」로 읽는 경우도 있다.

예   0   1   -   2   3   4   5   -   6   7   8   9
     ゼロ いち の にー さん よんごー の ろく なな はち きゅう

☐ いま [   ] ですか。 지금 몇 시입니까?

☐ ぎんこうは 9じ [   ] 5じ [   ] です。 은행은 9시부터 5시까지입니다.

☐ [   ] は すいようび [   ]。 어제는 수요일이었습니다.

☐ いいえ、すいようび [   ]。 아니요, 수요일이 아니었습니다.

66

PART 03

ちゅうごくごが いちばん すきです。

중국어를 가장 좋아합니다.

학습 목표

- な형용사의 기본형/긍정 표현 : ～だ／～です
- な형용사의 명사 수식 표현 : ～な
- な형용사의 부정 표현 : ～じゃ ないです
- な형용사의 과거 표현 : ～でした

01

MP3 1-29

이 찌 방・ 스 끼 나 가 이 꼬 꾸 고 와 난・데 스 까
いちばん すきな がいこくごは なんですか。
가장　　　좋아하는　　　외국어는　　　무엇입니까?

반말은 이렇게 말해요! いちばん すきな がいこくごは なに？
가장 좋아하는 외국어는 뭐야?

な형용사의 기본형 : ～だ ~하다

な형용사의 기본형은 「～だ(~하다)」이며, 이것이 모양을 바꾸며 활용을 하지요. 보통 な형용사는 한자어 뒤에 「だ」가 붙는 형태가 많아서 명사와 구별이 어려운데, 「～だ」가 '~이다'로 해석되면 앞에 붙은 것이 명사이고, '~하다'로 해석되면 な형용사가 됩니다.

Tip

사전에서 な형용사 단어를 찾을 때는 어미 「だ」를 뺀 어간의 형태로 찾아야 해요.

な형용사 ~하다	あんぜんだ 안전하다	しんせつだ 친절하다	べんりだ 편리하다
명사 ~이다	ほんだ 책이다	はなだ 꽃이다	せんせいだ 신생님이다

な형용사의 명사 수식 표현 : ～な (~한/인) + 명사

な형용사가 명사 앞에서 명사를 꾸며줄 때는 어미 「だ」를 없애고 「な」를 붙입니다. 이렇게 「な」로 바뀌는 형태에서 な형용사라는 이름이 붙여진 것이지요.

예 すきだ ＋ ひと ＝ すきな ひと
　　좋아하다　　　사람　　　좋아하는　사람

　あんぜんだ ＋ ところ ＝ あんぜんな ところ
　안전하다　　　　　곳　　　　　안전한　　곳

word

いちばん 가장, 제일
すきだ 좋아하다
がいこくご 외국어
あんぜんだ 안전하다
しんせつだ 친절하다
べんりだ 편리하다
ほん 책
はな 꽃
せんせい 선생님
ひと 사람
ところ 곳, 장소

02

츄 – 고 꾸 고 가 이 찌 방 • 스 끼 데 스
ちゅうごくごが いちばん すきです。

중국어를　　　　　가장　　　　좋아합니다.

반말은 이렇게 말해요! **ちゅうごくごが いちばん すき。** 중국어를 가장 좋아해.

な형용사의 정중한 긍정 표현 : 〜です ~합니다

な형용사의 정중한 긍정 표현은 명사의 정중한 긍정 표현을 만드는 형태와 똑같습니다. 즉, 어미「**だ**」를 없애고「**です**」를 붙입니다. 이때 해석은 '~합니다'라고 합니다.

예　**ゆうめいです**　　　　**すてきです**　　　　**きれいです**
유명합니다　　　　　　멋집니다　　　　　　예쁩니다/깨끗합니다

Tip

「**きれいだ**」는 '예쁘다'와 '깨끗하다'의 두 가지 뜻이 있어요.

〜が すきです ~을/를 좋아합니다

な형용사 중에서 아래의 4가지 **な**형용사는 목적어 뒤에 올 때 목적격 조사인「**〜を**(~을/를)」를 쓰지 않고 주격 조사인「**〜が**(~이/가)」를 써야 합니다. 예외적인 경우이므로 잘 기억해 두세요.

예　**うたが すきです。** 노래를 좋아합니다.
　　ピアノが きらいです。 피아노를 싫어합니다.
　　にほんごが じょうずです。 일본어를 잘합니다.
　　ちゅうごくごが へたです。 중국어를 못합니다.

word

ちゅうごくご 중국어
ゆうめいだ 유명하다
すてきだ 멋지다
きれいだ 예쁘다, 깨끗하다
うた 노래
ピアノ 피아노
きらいだ 싫어하다
じょうずだ 잘하다, 능숙하다
へただ 못하다, 서투르다

MP3 **1-29**

03

에 - 고 와 아 마 리 스 끼 쟈 나 이 데 스
えいごは あまり すきじゃ ないです。
영어는 　　별로　　좋아하지　　않습니다.

반말은 이렇게 말해요! えいごは あまり すきじゃ ない。 영어는 별로 안 좋아해.

な형용사의 정중한 부정 표현 : 〜じゃ ないです 〜하지 않습니다

な형용사의 정중한 부정 표현 역시 명사의 정중한 부정 표현을 만드는 형태와 똑같습니다. 즉, 정중한 긍정 표현인「〜です」대신에「〜じゃ ないです」를 붙이면 됩니다.

예 ここは しずかじゃ ないです。 여기는 조용하지 않습니다.
かのじょは しんせつじゃ ないです。 그녀는 친절하지 않습니다.

あまり 〜ない 별로/그다지 ~하지 않는다

「あまり」는 주로 부정 표현과 함께 쓰는 부사로 '별로, 그다지'라는 뜻을 나타내지요. 부정을 뜻하는 표현인「ない」가 들어가는 부정문이라면 형용사든 동사든 쓸 수 있습니다.

예 かれは あまり まじめじゃ ない。 그는 별로/그다지 성실하지 않다.
パンは あまり すきじゃ ない。 빵은 별로/그다지 좋아하지 않는다.

Tip
「あまり」가 긍정문에 쓰일 경우는 '너무, 매우'의 뜻이 됩니다.

word
えいご 영어
しずかだ 조용하다
かのじょ 그녀
しんせつだ 친절하다
かれ 그
まじめだ 성실하다
パン 빵
すきだ 좋아하다

04

<ruby>에<rt></rt></ruby> <ruby>―<rt></rt></ruby> <ruby>고<rt></rt></ruby> <ruby>요<rt></rt></ruby> <ruby>리<rt></rt></ruby> <ruby>니<rt></rt></ruby> <ruby>홍·<rt></rt></ruby> <ruby>고<rt></rt></ruby> <ruby>노<rt></rt></ruby> <ruby>호<rt></rt></ruby> <ruby>―<rt></rt></ruby> <ruby>가<rt></rt></ruby> <ruby>스<rt></rt></ruby> <ruby>끼<rt></rt></ruby> <ruby>데<rt></rt></ruby> <ruby>시<rt></rt></ruby> <ruby>따<rt></rt></ruby>

えいごより にほんごの ほうが すきでした。

영어보다　　　　일본어　　쪽을 (더)　좋아했습니다.

반말은 이렇게 말해요!　えいごより にほんごの ほうが すきだった。
영어보다 일본어 쪽을 (더) 좋아했어.

～より ～のほうが ~보다 ~ 쪽이 (더)

두 가지를 비교하여 어느 한쪽의 비중이 더 높을 때 쓰는 표현입니다. 주로 「ほう(쪽, 방향)」 앞에 오는 명사의 비중이 높지요. 참고로, 「명사 + より」는 생략이 가능합니다.

예 (みかんより) オレンジの ほうが すきです。
(귤보다) 오렌지 쪽을 (더) 좋아합니다.

(むすこより) むすめの ほうが げんきです。
(아들보다) 딸 쪽이 (더) 활발합니다.

> **Tip**
> 「～より」와 「～の ほうが」 앞에 연결되는 것은 무조건 명사입니다. 특히 「ほう(方)」도 명사라서 항상 앞에는 조사 「の」가 함께 쓰입니다.

な형용사의 정중한 과거 표현 : ～でした ~했습니다

な형용사의 정중한 과거 표현 역시 명사의 정중한 과거 표현을 만드는 방법과 똑같습니다. 현재를 나타내는 정중한 긍정 표현인 「～です」 대신 「～でした」를 붙이면 됩니다. 참고로, 정중한 과거 부정 표현도 「～じゃ なかったです」 또는 「じゃ ありませんでした」를 씁니다.

예 ここの こうつうは ふべんでした。 이곳의 교통은 불편했습니다.
まちは とても にぎやかでした。 마을은 매우 번화했습니다.
そこは あんぜんじゃ なかったです。 그곳은 안전하지 않았습니다.

> **word**
> みかん 귤
> オレンジ 오렌지
> むすこ 아들
> むすめ 딸
> げんきだ 활발하다
> こうつう 교통
> ふべんだ 불편하다
> まち 마을, 동네
> とても 매우, 무척
> にぎやかだ 번화하다, 북적거리다
> あんぜんだ 안전하다

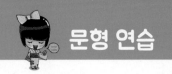

문형 연습

 MP3 1-30

1

이 찌 방 · 스 끼 나 가 이 꼬 꾸 고 와 난 · 데 스 까
いちばん すきな がいこくごは なんですか。

가장 좋아하는 외국어는 무엇입니까?

스 떼 끼 다 　　 후 꾸
① すてきだ ― ふく

죠 ― 즈 다 　　 스 뽀 ― 쯔
② じょうずだ ― スポーツ

키 라 이 다 　　 이 로
③ きらいだ ― いろ

벤 · 리 다 　　 모 노
④ べんりだ ― もの

word
すてきだ 멋지다 | **ふく** 옷 | **じょうずだ** 잘하다, 능숙하다 | **スポーツ** 스포츠, 운동
きらいだ 싫어하다 | **いろ** 색깔 | **べんりだ** 편리하다 | **もの** 물건

 MP3 1-31

2

츄 　 고 꾸 고 가 이 찌 방 · 스 끼 데 스
ちゅうごくごが いちばん すきです。 중국어를 가장 좋아합니다.

코 ― 엥 · 　　 시 즈 까 다
① こうえん ― しずかだ

우 따 　 헤 따 다
② うた ― へただ

아 노 히 또 　　 신 · 세 쯔 다
③ あの ひと ― しんせつだ

운 · 도 ― 　 키 라 이 다
④ うんどう ― きらいだ

word
こうえん 공원 | **しずかだ** 조용하다 | **うた** 노래 | **へただ** 못하다, 서투르다
あの ひと 저 사람 | **しんせつだ** 친절하다 | **うんどう** 운동

72

MP3 1-32

3

에 - 고 와 아마리 스 끼 쟈 나이데스

えいごは あまり すきじゃ ないです。

영어는 별로 좋아하지 않습니다.

카 노 죠 유 - 메 - 다
① かのじょ ― ゆうめいだ

헤 야 키 레 - 다
② へや ― きれいだ

마 찌 안·젠·다
③ まち ― あんぜんだ

카 메 라 히 쯔 요 - 다
④ カメラ ― ひつようだ

word
かのじょ 그녀 │ **ゆうめいだ** 유명하다 │ **へや** 방 │ **きれいだ** 깨끗하다 │
まち 마을, 동네 │ **あんぜんだ** 안전하다 │ **カメラ** 카메라 │ **ひつようだ** 필요하다

MP3 1-33

4

에 - 고 요 리 니 홍· 고 노 호 - 가 스 끼 데 시 따

えいごより にほんごの ほうが すきでした。

영어보다 일본어 쪽을 (더) 좋아했습니다.

이 누 네 꼬 키 라 이 다
① いぬ ― ねこ ― きらいだ

소 - 지 료 - 리 죠 - 즈 다
② そうじ ― りょうり ― じょうずだ

에 끼 코 - 엔· 니 기 야 까 다
③ えき ― こうえん ― にぎやかだ

아 네 아 니 마 지 메 다
④ あね ― あに ― まじめだ

word
いぬ 개 │ **ねこ** 고양이 │ **そうじ** 청소 │ **りょうり** 요리 │ **えき** 역 │ **こうえん** 공원
にぎやかだ 번화하다 │ **あね** 언니, 누나 │ **あに** 형, 오빠 │ **まじめだ** 성실하다

▶ MP3 1-34　 따라읽기 MP3 1-35

イ　　 다나까 상・　　 이찌방・　　 스끼나　 가이꼬꾸고와　 난・　데스까
　　　たなかさん、 いちばん すきな がいこくごは なんですか。
　　　　　①　　　　　 ②　　　　 ③　　　④　　　　　　⑤

たなか 와따시와　　 츄 ー 고꾸고가　이찌방・　스끼데스
　　　わたしは ちゅうごくごが いちばん すきです。
　　　　⑥　　　　　 ⑦　　　　　　 ⑧　　　　 ⑨

イ　　 소레 쟈　　 에ー고모　 스끼데스까
　　　それじゃ、 えいごも すきですか。
　　　　⑩　　　　 ⑪　　　 ⑫

たなか 이ー에　　 에ー고와　아마리　 스끼 쟈　 나이데스
　　　いいえ、 えいごは あまり すきじゃ ないです。
　　　　⑬　　　 ⑭　　　 ⑮　　　 ⑯　　　 ⑰

イ　　 소ー데스까　　 와따시와　 코도모노　 토끼까라
　　　そうですか。 わたしは こどもの ときから
　　　　⑱　　　　　　 ⑲　　　　 ⑳　　　　 ㉑

　　　에ー고요리　 니 홍・고노　 호ー가　 스끼데시따
　　　えいごより にほんごの ほうが すきでした。
　　　　㉒　　　　 ㉓　　　　　 ㉔　　　 ㉕

たなか 다 까라　　 이 상・와　니 홍・고가　 토떼모　 죠ー즈난・데스네
　　　だから、 イさんは にほんごが とても じょうずなんですね。
　　　　㉖　　　　 ㉗　　　 ㉘　　　　 ㉙　　　 ㉚

イ　　 이ー에　　 마다마다데스
　　　いいえ、 まだまだです。
　　　　㉛　　　 ㉜

🐱 어휘력 쑥쑥 키우기!

〜さん ~씨	〜も ~도	とても 매우
わたし 나, 저	こども 아이, 어린이	じょうずだ 잘한다
ちゅうごくご 중국어	とき 때	〜んですね ~군요
それじゃ 그렇다면, 그럼	〜から ~부터	まだまだだ 아직 멀었다
えいご 영어	だから 그래서	

이	다나카 씨, 가장 좋아하는 외국어는 무엇입니까?
	① ② ③ ④ ⑤
다나카	저는 중국어를 가장 좋아합니다.
	⑥ ⑦ ⑧ ⑨
이	그렇다면, 영어도 좋아합니까?
	⑩ ⑪ ⑫
다나카	아니요, 영어는 별로 좋아하지 않습니다.
	⑬ ⑭ ⑮ ⑯ ⑰
이	그렇군요. 저는 어렸을 때부터
	⑱ ⑲ ⑳ ㉑
	영어보다 일본어 쪽을 (더) 좋아했습니다.
	㉒ ㉓ ㉔ ㉕
다나카	그래서, 이 씨는 일본어를 매우 잘하는군요.
	㉖ ㉗ ㉘ ㉙ ㉚
이	아니요, 아직 멀었습니다.
	㉛ ㉜

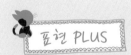

표현 PLUS

★ **いちばん** 가장, 제일

원래 「いちばん」은 '1번'이라는 순서를 나타내는 명사인데, 이 말이 형용사나 동사 앞에서 부사로 쓰일 때는 '가장, 제일'이라는 뜻이 됩니다.

★ **こどもの ときから** 어렸을 때부터

주로 과거 시점의 때나 시기를 뜻하는 명사 뒤에 연결되는 「~の とき」는 '~이었을 때'와 같이 과거 시점으로 해석합니다. 이 표현 뒤에 이어지는 문장도 과거형으로 나타냅니다. 참고로 「とき」 대신에 「ころ」를 쓰는 경우도 많습니다. 또한, 「~から」는 '~부터'라는 뜻으로 기점의 시작을 나타내는 표현입니다. 하지만 문장 끝에 쓰이면 '~이기 때문에'라는 이유를 설명하는 뜻으로 사용되기도 합니다.

★ **まだまだです** 아직 멀었습니다

이 표현은 상대방으로부터 무언가 칭찬을 받고 그것에 겸손하게 대답하고자 할 때 씁니다. 원래 「まだ」는 '아직'이라는 뜻의 부사인데 이것을 반복하여 말함으로서 '아직도 멀었다, 한참 모자라다' 등을 나타내는 말로 쓰입니다.

01 다음 빈칸에 들어갈 알맞은 말을 [보기] 중에서 골라 써 보세요.

> 보기   すきでした   すきです   すきじゃ ない   すきな

1 いちばん (   ) がいこくごは なんですか。

2 ちゅうごくごが いちばん (   )。

3 えいごは あまり (   )です。

4 こどもの ときから えいごより にほんごの ほうが (   )。

02 다음 밑줄 친 현재 표현을 과거 표현으로 바꾸어 써 보세요.

1 へやは <u>きれいです</u>。 → (   )

2 かれは <u>しんせつです</u>。 → (   )

3 あには <u>まじめです</u>。 → (   )

03 다음 밑줄 친 부분의 우리말 의미에 해당하는 일본어를 써 보세요.

1 ＿＿＿＿＿＿＿＿ ＿＿＿＿＿＿＿＿ スポーツは なんですか。
　　　　가장　　　　　　좋아하는

2 ちゅうごくご＿＿＿＿＿＿ いちばん ＿＿＿＿＿＿＿。
　　　　　　　　　　를　　　　　　　　잘합니다

3 うんどうは ＿＿＿＿＿＿ すきじゃ ＿＿＿＿＿＿。
　　　　　　　별로　　　　　　　　　　않습니다

4 えいご＿＿＿＿＿＿ にほんごの ＿＿＿＿＿＿が すきでした。
　　　　보다　　　　　　　　　　쪽

문자 01 다음 빈칸에 들어갈 알맞은 단어를 ①~④ 중에서 골라 보세요.

1 (　가장, 제일　) すきな がいこくごは なんですか。
　　① いじばん　　　② いちぱん　　　③ いちはん　　　④ いちばん

2 (　영어　)は あまり すきじゃ ないです。
　　① えいこ　　　② えいご　　　③ えいごう　　　④ えいこう

문법 02 ＿＿＿★＿＿＿에 들어갈 알맞은 말을 ①~④ 중에서 골라 보세요.

1 わたしは ＿＿＿＿＿ ＿＿＿＿＿ ＿＿＿＿＿ ＿★＿＿です。
　　① ちゅうごくご　② すき　　　③ が　　　④ いちばん

2 にほんご＿★＿＿ ＿＿＿＿＿ ＿＿＿＿＿ ＿＿＿＿＿ すきでした。
　　① ほうが　　　② えいご　　　③ の　　　④ より

청해 03 잘 듣고, B의 대답으로 알맞은 것을 ①~③ 중에서 골라 보세요.

1 A : いちばん すきな がいこくごは なんですか。
　　B : ①　　　　② 　　　　③

2 A : それじゃ、えいごも すきですか。
　　B : ①　　　　② 　　　　③

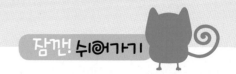
예외적인 な형용사 : おなじだ (똑같다, 동일하다)

「おなじだ」는 긍정 표현과 부정 표현은 다른 な형용사들과 똑같은 형태로 활용을 하지만, 뒤에 오는 명사를 꾸며주는 명사 수식 표현에서는 독특하고 예외적인 활용을 합니다.

즉, 원래 な형용사가 명사를 꾸며줄 때는 어미 「だ」를 「な」로 바꾼 형태로 수식해야 하는데, 「おなじだ」는 그냥 어미 「だ」만 뺀 형태로 명사를 수식합니다. 틀리기 쉬운 예외적인 활용이므로 잘 기억해 두세요.

예　같은 색깔　(O) おなじ いろ　　　(X) おなじな いろ
　　같은 학교　(O) おなじ がっこう　(X) おなじな がっこう

회화에서 많이 쓰이는 ～んです

정중한 긍정 표현인 「～です」 앞에 「ん」을 붙인 「～んです」는 「～のです」의 회화체 표현으로 '～한 것입니다, ～하거든요' 등으로 해석됩니다. 「～んです」는 말하는 사람이 자신의 생각을 강하게 주장하고자 할 때나 어떤 일의 원인이나 이유에 대해 설명하고자 할 때 쓰입니다. 특히 동사와 い형용사 뒤에는 시제나 형태와는 상관없이 「～んです」가 바로 연결되지만, 명사와 な형용사(어간)의 경우는 「な」를 추가하여 「～なんです」의 형태로 연결되므로 「～んです」를 연결할 때는 앞에 오는 품사의 종류를 확인해야 합니다.

예　この おかしは とても おいしいんです。〔주장〕 이 과자는 매우 맛있는 것입니다.
　　わたしは にほんごが すきなんです。〔원인/이유〕 저는 일본어를 좋아하거든요.

마무리! 확인하기

☐ いちばん ⬜⬜⬜ が いこくごは なんですか。 가장 좋아하는 외국어는 무엇입니까?

☐ ちゅうごくごが いちばん ⬜⬜⬜。 중국어를 가장 좋아합니다.

☐ えいごは あまり ⬜⬜⬜。 영어는 별로 좋아하지 않습니다.

☐ えいごより にほんごの ほうが ⬜⬜⬜。 영어보다 일본어 쪽을 좋아했습니다.

PART 04

きょうは とても さむいですね。

오늘은 매우 춥네요.

학습 목표
- い형용사의 기본형 / 긍정 표현 : 〜です
- い형용사의 문장 연결 표현 : 〜くて
- い형용사의 부정 표현 : 〜くないです
- い형용사의 과거 표현 : 〜かったです
- い형용사의 과거 부정 표현 : 〜くなかったです

MP3 1-37

01

카 제 가 　 츠 요 꾸 떼 　 사 무 이 데 스
<u>かぜが</u> <u>つよくて</u> <u>さむいです</u>。
바람이 　 　 강해서 　 　 　 춥습니다.

반말은 이렇게 말해요! かぜが つよくて さむいね。 바람이 강해서 추워.

◎ い형용사의 기본형/긍정 표현 : ～い ~하다 / ～です ~합니다

い형용사의 기본형은 「～い(~하다)」인데, 이 기본형의 모양 그대로 명사를 꾸며 주면 명사 수식 표현도 되고, 뒤에 「～です(~입니다)」를 붙이면 정중한 긍정 표현도 됩니다.

예 **(정중한 긍정 표현)** わるい ＋ です ＝ わるいです
　　　　　　　　　나쁘다　　입니다　　나쁩니다

(명사 수식 표현) わるい ＋ ひと ＝ わるい ひと
　　　　　　　　나쁘다　　사람　　나쁜 사람

Tip

い형용사가 명사를 꾸며줄 때 어미인 「い」가 바뀌지 않고 기본형 그대로 쓰이지만, 해석은 '～한'으로 바뀝니다.

◎ い형용사의 문장 연결 표현 : ～くて ~하고, ~해서

い형용사가 다른 품사와 함께 쓰여 '～하고, ~해서'의 뜻으로 문장을 연결할 때는 어미 「い」를 없애고 「～くて」를 붙이면 됩니다. 뒤에 함께 쓰이는 술어에는 い형용사, な형용사는 물론 동사도 올 수 있지요.

예 やす<u>い</u> ＋ いい ＝ やすくて いい
　 값이 싸다　　좋다　　값이 싸고/싸서 좋다

ひろ<u>い</u> ＋ しずかだ ＝ ひろくて しずかだ
　 넓다　　　조용하다　　넓고/넓어서 조용하다

word

かぜ 바람
つよい 강하다
さむい 춥다
わるい 나쁘다
ひと 사람
やすい 값이 싸다
いい 좋다
ひろい 넓다
しずかだ 조용하다

02

키 노 – 호 도 사 무 꾸 나 이 데 스 네
きのうほど さむく ないですね。
어제 　만큼 　춥지 　 않군요.

😺 반말은 이렇게 말해요! 　**きのうほど さむく ないね。** 어제만큼 춥지 않군.

🔍 ～ほど ～만큼, ～정도

「**ほど**」는 명사 뒤에 와서 정도를 나타내는 표현인데, 일반적으로 「**ほど**」가 들어 있는 문장은
부정 표현인 「**ない**」와 함께 쓰는 경우가 대부분입니다.

> 예 　**ひこうきほど はやく ないです。** 비행기만큼 빠르지 않습니다.
>
> 　　**えいがほど おもしろく ないです。** 영화만큼 재미있지 않습니다.

> **Tip**
>
> 「～ほど」와 같은 뜻의
> 표현으로 「～くらい/～
> ぐらい」도 있습니다.

🔍 い형용사의 정중한 부정 표현 : ～く ないです ～하지 않습니다

い형용사의 정중한 부정 표현은 어미 「**い**」를 없애고 「**～く ないです**」를 붙이면 됩니다.
い형용사의 어미 「**い**」는 문장 연결 표현과 부정 표현을 만들 때 「**く**」로 바뀌지요.

> 예 　**みずは つめたく ないです。** 물은 차갑지 않습니다.
>
> 　　**この スカートは ながく ないです。** 이 치마는 길지 않습니다.

> **word**
>
> **きのう** 어제
> **ひこうき** 비행기
> **はやい** 빠르다
> **えいが** 영화
> **おもしろい** 재미있다
> **みず** 물
> **つめたい** 차갑다
> **スカート** 치마
> **ながい** 길다

MP3 1-37

03

스 ― 가 꾸 가 　혼・또 ― 니　야 사 시 깟・따 데 스
すうがくが ほんとうに やさしかったです。
수학이 　　　　　정말　　　　　　쉬웠습니다.

반말은 이렇게 말해요! 　すうがくが ほんとうに やさしかったよ。 수학이 정말 쉬웠어.

🔍 ほんとうに 　정말, 진짜

여기에 쓰인 「ほんとうに」는 '정말, 진짜'라는 뜻의 부사로 쓰였지만, 이 말의 기본형은 な형용사인 「ほんとうだ(정말이다, 사실이다)」입니다. 부사로도 많이 쓰이지만, 회화에서는 상대방의 말에 놀라서 정말인지 확인하고자 할 때 쓰는 경우도 많답니다.

Tip

회화체 반말 표현에서는
「ほんとう？(정말이야?,
진짜야?)」라고 합니다.

예 **(부사)** 　ほんとうに うれしいです。 정말(진짜) 기쁩니다.

　　(な형용사) その はなし、ほんとうですか。
　　　　　　　그 이야기, 정말입니까(사실입니까)?

🔍 い형용사의 정중한 과거 표현 : ～かったです 　~했습니다

い형용사의 정중한 과거 표현은 어미 「い」를 없애고 「～かったです」를 붙입니다. 과거 표현이지만 「～かったです」와 같이 현재 표현으로 쓴다는 것에 주의하세요. 과거 표현이라고 해서 「～いでした」또는 「～かったでした」로 착각하면 안 됩니다.

예 あつい 덥다 ―　(○)　あつかったです 더웠습니다
　　　　　　　　　 (×)　あついでした
　　　　　　　　　　　 あつかったでした

きのうは とても あつかったです。 어제는 매우 더웠습니다.

ははは かみが ながかったです。 엄마는 머리가 길었습니다.

word

すうがく 수학
やさしい 쉽다
うれしい 기쁘다
はなし 이야기
きのう 어제
とても 매우, 무척
はは 엄마, 어머니
かみ 머리카락
ながい 길다

04

젱・ 까이요리 젠・ 젱・ 무즈까시꾸 나 깟・ 따데스
ぜんかいより ぜんぜん むずかしく なかったです。

지난번보다 　　　전혀 　　　어렵지 　　　　않았습니다.

반말은 이렇게 말해요! ぜんかいより ぜんぜん むずかしく なかったよ。
지난번보다 전혀 어렵지 않았어.

⊕ ぜんぜん 〜ない 　전혀 〜하지 않다

「**ぜんぜん**」은 '전혀'라는 뜻의 부사인데, 주로 뒤에 부정 표현인 「**ない**」와 함께 쓰는 경우가 대부분입니다. 말하는 이의 주관적 관점에서 볼 때 그러한 경우가 매우 희박하다는 뜻으로 쓰는 표현이지요.

예 かいしゃは ぜんぜん ちかく ないです。 회사는 전혀 가깝지 않습니다.

うんどうは ぜんぜん すきじゃ ないです。 운동은 전혀 좋아하지 않습니다.

⊕ い형용사의 정중한 과거 부정 표현: 〜く なかったです 〜하지 않았습니다

い형용사의 정중한 과거 부정 표현을 만들 때는 어미 「**い**」를 없애고 「**〜く なかったです**」를 붙입니다. 이것을 좀 더 정중하게 표현하려면 「**なかったです**」를 「**ありませんでした**」로 바꿔 쓰면 됩니다.

예 この パンは おいしく なかったです。 이 빵은 맛있지 않았습니다.

へやは あまり ひろく ありませんでした。 방은 별로 넓지 않았습니다.

word

ぜんかい 지난번
〜より 〜보다
むずかしい 어렵다
かいしゃ 회사
ちかい 가깝다
うんどう 운동
すきだ 좋아하다
パン 빵
おいしい 맛있다
へや 방
あまり 별로, 그다지
ひろい 넓다

1

^{카 제 가 쯔 요 꾸 떼   사 무 이 데 스}
かぜが つよくて、さむいです。 바람이 강해서 춥습니다.

① ^{네 단·   야 스 이 ─ 이 ─}
ねだん ─ やすい ─ いい

② ^{헤 야   히 로 이   아 까 루 이}
へや ─ ひろい ─ あかるい

③ ^{에 ─ 가   나 가 이   츠 마 라 나 이}
えいが ─ ながい ─ つまらない

④ ^{비 ─ 루   츠 메 따 이   오 이 시 ─}
ビール ─ つめたい ─ おいしい

> **word**
> **ねだん** 가격, 값 | **やすい** 싸다 | **いい** 좋다 | **へや** 방 | **ひろい** 넓다 |
> **あかるい** 밝다 | **えいが** 영화 | **ながい** 길다 | **つまらない** 시시하다, 재미없다 |
> **ビール** 맥주 | **つめたい** 차갑다 | **おいしい** 맛있다

2

^{키 노 ─ 호 도 사 무 꾸 나 이 데 스}
きのう ほど さむく ないです。 어제만큼 춥지 않습니다.

① ^{카 방·   오 모 이}
かばん ─ おもい

② ^{키 무 찌   카 라 이}
キムチ ─ からい

③ ^{테 레 비   아 따 라 시 ─}
テレビ ─ あたらしい

④ ^{료 꼬 ─   타 노 시 ─}
りょこう ─ たのしい

> **word**
> **かばん** 가방 | **おもい** 무겁다 | **キムチ** 김치 | **からい** 맵다 | **テレビ** 텔레비전 |
> **あたらしい** 새롭다, 새것이다 | **りょこう** 여행 | **たのしい** 즐겁다

3

<ruby>す<rt>스</rt></ruby> － <ruby>が<rt>가</rt></ruby><ruby>く<rt>꾸</rt></ruby><ruby>が<rt>가</rt></ruby> <ruby>ほ<rt>혼•</rt></ruby><ruby>ん<rt></rt></ruby><ruby>と<rt>또</rt></ruby><ruby>う<rt>ー</rt></ruby><ruby>に<rt>니</rt></ruby> <ruby>や<rt>야</rt></ruby><ruby>さ<rt>사</rt></ruby><ruby>し<rt>시</rt></ruby><ruby>かった<rt>깟•</rt></ruby><ruby>です<rt>따데스</rt></ruby>。

すうがくが ほんとうに やさしかったです。

수학이 정말 쉬웠습니다.

① やま — たかい   ② にわ — ひろい
③ めがね — やすい   ④ ピザ — おいしい

> **word**　やま 산 | たかい 높다 | にわ 마당 | ひろい 넓다 | めがね 안경 |
> やすい 값이 싸다 | ピザ 피자 | おいしい 맛있다

4

<ruby>ぜ<rt>젠•</rt></ruby><ruby>ん<rt></rt></ruby><ruby>かい<rt>까이</rt></ruby><ruby>より<rt>요리</rt></ruby> <ruby>ぜ<rt>젠•</rt></ruby><ruby>ん<rt></rt></ruby><ruby>ぜ<rt>젱•</rt></ruby><ruby>ん<rt></rt></ruby> <ruby>むずかしく<rt>무즈까시꾸</rt></ruby> <ruby>な<rt>나</rt></ruby><ruby>かった<rt>깟•</rt></ruby><ruby>です<rt>따데스</rt></ruby>。

ぜんかいより ぜんぜん むずかしく なかったです。

지난번보다 전혀 어렵지 않았습니다.

① きのう — あつい   ② ここ — ひろい
③ この まんが — おもしろい   ④ その いちご — あまい

> **word**　きのう 어제 | あつい 덥다 | ここ 여기 | ひろい 넓다 | まんが 만화책 |
> おもしろい 재미있다 | いちご 딸기 | あまい 달다

▶ MP3 1-42 따라읽기 MP3 1-43

チョ
きょうは とても さむいですね。
① ② ③
쿄 - 와 토떼모 사무이데스네

やすだ
そうですね。かぜが つよくて さむいです。
④ ⑤ ⑥ ⑦
소 - 데스네 카제가 츠요꾸떼 사무이데스

でも、きのう ほど さむく ないですね。
⑧ ⑨ ⑩ ⑪ ⑫
데모 키노 - 호도 사무꾸 나이데스네

チョ
やすださん、きのうの きまつテストは どうでしたか。
⑬ ⑭ ⑮ ⑯
야스다 상 키노 - 노 키마쯔테스또와 도 - 데시따까

やすだ
いつも むずかしい すうがくが、ほんとうに やさしかったです。
⑰ ⑱ ⑲ ⑳ ㉑
이쯔모 무즈까시 - 스 - 가꾸가 혼・또 - 니 야사시깟・따데스

ぜんかいより ぜんぜん むずかしく なかったです。
㉒ ㉓ ㉔ ㉕
젱・까이요리 젠・젱・ 무즈까시꾸 나깟・따데스

チョ
ほんとうですか。それは よかったですね。
㉖ ㉗ ㉘
혼・또 - 데스까 소레와 요깟・따데스네

ぼくは ぜったい あかてんです。
㉙ ㉚ ㉛
보꾸와 젯・따이 아까뗀・데스

🐱 *어휘력 쑥쑥 키우기!*

きょう 오늘	**きまつテスト** 기말시험	**ぜんかい** 지난번
とても 매우, 무척	**いつも** 항상	**ぜんぜん** 전혀
さむい 춥다	**むずかしい** 어렵다	**よかった** 좋았다, 잘됐다
かぜ 바람	**すうがく** 수학	**ぼく** 나(남자가 사용)
つよい 강하다, 세다	**ほんとうに** 정말, 진짜	**ぜったい** 반드시
でも 그렇지만, 하지만	**やさしい** 쉽다	**あかてん** 낙제점

조	오늘은 매우 춥네요.
	① ② ③
야스다	그렇네요. 바람이 강해서 춥습니다.
	④ ⑤ ⑥ ⑦
	그렇지만, 어제 만큼 춥지 않군요.
	⑧ ⑨ ⑩ ⑪ ⑫
조	야스다 씨, 어제 기말시험은 어땠습니까?
	⑬ ⑭ ⑮ ⑯
야스다	늘 어렵던 수학이 정말 쉬웠습니다.
	⑰ ⑱ ⑲ ⑳ ㉑
	지난번보다 전혀 어렵지 않았습니다.
	㉒ ㉓ ㉔ ㉕
조	정말입니까? 정말 잘됐네요.
	㉖ ㉗ ㉘
	저는 분명히 낙제점이에요.
	㉙ ㉚ ㉛

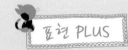
표현 PLUS

★ **でも** 그렇지만, 하지만

「でも」의 원래 형태는 「それでも」이며, 앞에 나온 문장과 반대되는 내용을 말하고자 할 때 쓰는 역접의 접속사입니다. 회화에서 자주 쓰는 표현으로, 같은 뜻의 접속사로는 「しかし」도 있으므로 함께 기억해 두세요.

★ **よかったですね** 잘됐네요, 좋았겠네요, 다행이네요

이 표현은 상대방의 이야기를 듣고 좋은 결과가 나왔음을 함께 나누고자 할 때 쓰입니다. 참고로, 「よかった(좋았다)」는 「よい(좋다)」의 과거 표현이지요. '좋다'라는 뜻의 「いい」는 기본형과 명사 수식형으로만 쓰이기 때문에 활용을 할 때에는 반드시 「よい」를 써서 「よく ない, よかった」 등이 됩니다.

★ **あかてん** 낙제점

이 단어는 한자로는 「赤点」이라고 쓰며, 시험 등의 점수를 표기할 때 주로 빨간색 필기구를 사용하는 것에서 유래된 표현입니다. 일반적으로 '낙제점'을 뜻하지만 '결점'이라는 뜻으로도 쓰입니다.

연습문제 1

01 다음 빈칸에 들어갈 알맞은 말을 〔보기〕 중에서 골라 써 보세요.

> 보기　さむく ない　むずかしく なかった　つよくて　やさしかった

1 かぜが (　　　　　　　　　　　) さむいです。

2 きのう ほど (　　　　　　　　　)です。

3 すうがくが ほんとうに (　　　　　　　　　)です。

4 ぜんかいより ぜんぜん (　　　　　　　　)です。

02 다음 밑줄 친 현재 표현을 과거 표현으로 바꾸어 써 보세요.

1 かばんが <u>おもいです</u>。 ➡ (　　　　　　　　　　　　　)

2 みずが <u>つめたいです</u>。 ➡ (　　　　　　　　　　　　　)

3 くつが <u>やすいです</u>。　 ➡ (　　　　　　　　　　　　　)

03 다음 밑줄 친 부분의 우리말 의미에 해당하는 일본어를 써 보세요.

1 ＿＿＿＿＿＿＿は ＿＿＿＿＿＿＿ さむいですね。
　　　　오늘　　　　　　　매우

2 きのう ＿＿＿＿＿＿＿ ＿＿＿＿＿＿＿ ないです。
　　　　　　만큼　　　　　　덥지

3 ＿＿＿＿＿＿＿が ＿＿＿＿＿＿＿ やさしかったです。
　　영어　　　　　　정말

4 ぜんかいより ＿＿＿＿＿＿＿ むずかしく ＿＿＿＿＿＿＿。
　　　　　　　전혀　　　　　　　　　　않았습니다

문자 01 다음 빈칸에 들어갈 알맞은 단어를 ①~④ 중에서 골라 보세요.

1 (　바람　)が つよくて さむいです。
　　① がぜ　　　　② かぜ　　　　③ かせ　　　　④ がせ

2 ぜんかいより (　전혀　) むずかしく なかったです。
　　① せんせん　　② ぜんせん　　③ ぜんぜん　　④ せんぜん

문법 02 ＿＿＿★＿＿에 들어갈 알맞은 말을 ①~④ 중에서 골라 보세요.

1 ＿＿＿＿＿、＿＿★＿＿ ＿＿＿＿＿ ＿＿＿＿＿ ないです。
　　① でも　　　　② ほど　　　　③ さむく　　　　④ きのう

2 きのう＿＿＿＿＿ ＿＿＿＿＿ ＿＿＿＿＿ ＿★＿＿です。
　　① なかった　　② あつく　　　③ より　　　　④ ぜんぜん

청해 03 잘 듣고, B의 대답으로 알맞은 것을 ①~③ 중에서 골라 보세요.　💿MP3 **1-44**

1 A : きょうは とても さむいですね。
　B : ①　　　　②　　　　③

2 A : きのうの きまつテストは どうでしたか。
　B : ①　　　　②　　　　③

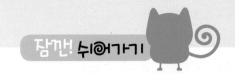
음은 같지만 뜻이 전혀 다른 い형용사들

い형용사 중에서 읽는 음은 같지만 한자가 달라서 뜻이 전혀 다른 것들이 있습니다. 이 단어들을 읽을 때는 한자로 표기하는 것이 원칙이므로 헷갈리지 않고 구분할 수가 있지만, 회화나 청해인 경우는 대화의 흐름이나 문맥으로 의미를 구별해야 하지요.

●▶ たかい[高い]

1. (높이가) 높다　　　예 あの やまは たかいです。 저 산은 높습니다.

2. (값이) 비싸다　　　예 この ほんは たかいです。 이 책은 비쌉니다.

●▶ はやい

1. (시간이) 이르다[早い]　예 じかんが はやいです。 시간이 이릅니다.

2. (속도가) 빠르다[速い]　예 ひこうきは はやいです。 비행기는 빠릅니다.

●▶ あつい

1. (날씨가) 덥다[暑い]　예 なつは あついです。 여름은 덥습니다.

2. (두께가) 두껍다[厚い]　예 じしょが あついです。 사전이 두껍습니다.

3. (온도가) 뜨겁다[熱い]　예 なべが あついです。 냄비가 뜨겁습니다.

마무리! 확인하기

☐ かぜが 　　　　　　　　　　　。 바람이 강해서 춥습니다.

☐ きのう ほど 　　　　　　　。 어제만큼 춥지 않습니다.

☐ すうがくが ほんとうに 　　　　　　　。 수학이 정말 쉬웠습니다.

☐ ぜんかいより ぜんぜん 　　　　　　　。
지난번보다 전혀 어렵지 않았습니다.

학습 목표
- 존재동사(1) ある : あります
- 사물의 개수 세기
- 존재동사(2) いる : います
- 사람의 인원수 세기

 MP3 **1-45**

01

코 - 라 와 쿠 - 라 - 복 • 꾸 스 노 나 까 니 아 리 마 스
コーラは クーラーボックスの なかに あります。

콜라는　　　　　아이스박스(의)　　　안에　　있습니다.

> **반말은 이렇게 말해요!** コーラは クーラーボックスの なかに あるよ。
> 콜라는 아이스박스 안에 있어.

존재동사(1) ある：あります (사물이) 있습니다

「**ある**」는 살아 움직이지 않는 것, 즉 사물이 '있다'라는 뜻으로 쓰이는 동사입니다. 부정 표현인 '없다'는 「**ない**」라고 하는데, 아래 표를 보면서 여러 가지 활용형을 배워 봅시다.

〔사물〕의 존재	있다 ある	있습니다 あります
	없다 ない	없습니다 ありません

> **예** A ： にほんごの ほんが ありますか。 일본어 책이 있습니까?
> B1 ： はい、あります。 네, 있습니다.
> B2 ： いいえ、ありません。 아니요, 없습니다.

> **Tip**
> 「ある」는 사물의 존재뿐만 아니라 식물(꽃, 나무 등)의 존재를 나타낼 때도 쓰여요.

～の なかに ～(의) 안에

위치를 나타내는 표현은 주로 명사 뒤에 「**の**」를 붙인 후에 씁니다. 또한, 위치를 나타내는 표현 뒤에는 조사 「**に**」가 쓰이는데, 이것은 '～에'라고 해석합니다.

위	⇔	아래	앞	⇔	뒤	안, 속	⇔	겉, 바깥
うえ(上)		した(下)	まえ(前)		うしろ(後ろ)	なか(中)		そと(外)

> **예** かばんは つくえの したに あります。 가방은 책상 아래에 있습니다.
> にんぎょうは テレビの まえに あります。
> 인형은 텔레비전 앞에 있습니다.

word

コーラ 콜라
クーラーボックス 아이스박스
なか 안, 속
にほんごの ほん 일본어책
かばん 가방
つくえ 책상
にんぎょう 인형
テレビ 텔레비전

02

링・고 가 히또쯔 아리마스

りんごが ひとつ あります。

사과가   한 개   있습니다.

반말은 이렇게 말해요! **りんごが ひとつ あるよ。** 사과가 한 개 있어.

사물의 개수 세기

일본어에서 사물의 개수를 세는 표현, 즉 '하나, 둘, 셋……' 또는 '한 개, 두 개, 세 개……'의 표현은 상당히 외우기 어렵고 까다롭습니다. 가장 기본적인 한 개부터 열 개까지의 수를 읽는 법에 대해 아래 표를 보면서 배워 봅시다.

한 개, 하나	두 개, 둘	세 개, 셋	네 개, 넷	다섯 개, 다섯
ひとつ	ふたつ	みっつ	よっつ	いつつ
여섯 개, 여섯	일곱 개, 일곱	여덟 개, 여덟	아홉 개, 아홉	열 개, 열
むっつ	ななつ	やっつ	ここのつ	とお

참고로, 사물의 개수를 물어볼 때 쓰는 표현인 '몇 개'는 「いくつ」라고 합니다. 일반적으로 문맥에 따라 뒤에 「〜ですか(입니까?)」또는 「ありますか(있습니까?)」를 붙여서 쓰지요.

예 **A：みかんは いくつですか。** 귤은 몇 개입니까?

B：みかんは よっつです。 귤은 네 개입니다.

A：おもちゃは いくつ ありますか。 장난감은 몇 개 있습니까?

B：おもちゃは ふたつ あります。 장난감은 두 개 있습니다.

Tip

'열 개, 열'은 「つ」를 붙이지 않고 「とお」라고만 읽으므로 틀리지 않도록 주의하세요.

word

りんご 사과

みかん 귤

おもちゃ 장난감

MP3 1-45

03

사 또 – 상 · 와 쿄 – 다 이 가 이 마 스 까
さとうさんは きょうだいが いますか。
사토 씨는　　　　형제가　　　　있습니까?

반말은 이렇게 말해요! さとうさんは きょうだいが いる? 사토 씨는 형제가 있니?

존재동사(2) いる : います (사람, 동물이) 있습니다

「いる」는 살아 움직이는 것, 즉 사람이나 동물이 '있다'라는 뜻으로 쓰이는 동사입니다. 부정 표현인 '없다'는 「いない」라고 합니다.

〔사람, 동물〕의 존재	있다 いる	있습니다 います
	없다 いない	없습니다 いません

예 A : きょうしつに がくせいが いますか。 교실에 학생이 있습니까?

　　B1 : はい、います。 네, 있습니다.

　　B2 : いいえ、いません。 아니요, 없습니다.

가족 표현

일본어로 가족을 나타낼 때는 자기 가족인지 상대방의 가족인지에 따라 쓰는 말이 다릅니다. 가장 기본적인 가족을 나타내는 말을 배워 봅시다.

	아버지	어머니	형, 오빠	언니, 누나	여동생	남동생
나의 가족	ちち	はは	あに	あね	いもうと	おとうと
남의 가족	おとうさん	おかあさん	おにいさん	おねえさん	いもうとさん	おとうとさん

word

~さん ~씨
きょうだい 형제
~が ~이/가
きょうしつ 교실
がくせい 학생

04 あにが ひとり います。
아 니 가　히 또 리　이 마 스

형이　한 명　있습니다.

반말은 이렇게 말해요! あにが ひとり いるよ。 형이 한 명 있어.

🔍 사람의 인원수 세기

일본어에서 사람의 인원수를 세는 표현, 즉 '한 명, 두 명…' 또는 '한 사람, 두 사람…'의 표현은 인원수에 해당하는 숫자 뒤에 조수사인 「にん(人)」을 붙여서 읽습니다.

그런데, 이 규칙을 따르지 않고 예외적으로 독특하게 읽는 인원수가 2개 있습니다. 바로 '한 명'과 '두 명'이지요. '한 명'은 「ひとり」라고 읽고 '두 명'은 「ふたり」라고 읽어야 합니다. 또한, '네 명'의 경우는 숫자 4를 「し・よん」이 아닌 「よ」로 읽어야 한다는 점에 주의하세요.

우리말로 '~명'이라고 해도 일본어로는 「名(めい)」을 쓰지 않고 「人(にん)」을 써야 합니다.

한 명(1人)	두 명(2人)	세 명(3人)	네 명(4人)	다섯 명(5人)
ひとり	ふたり	さんにん	よにん	ごにん
여섯 명(6人)	일곱 명(7人)	여덟 명(8人)	아홉 명(9人)	열 명(10人)
ろくにん	しちにん	はちにん	きゅうにん	じゅうにん

참고로, 사람의 인원수를 물어볼 때 쓰는 표현인 '몇 명'은 「なんにん(何人)」이라고 합니다. 보통 문맥에 따라 뒤에 「ですか(입니까?)」 또는 「いますか(있습니까?)」를 붙여서 쓰지요.

예 A : こどもは なんにんですか。 아이는 몇 명입니까?

B : ふたりです。 두 명입니다.

A : いま せいとは なんにん いますか。 지금 학생은 몇 명 있습니까?

B : よにん います。 네 명 있습니다.

あに 형, 오빠
こども 아이, 자식
いま 지금
せいと 학생(중, 고등학생)

1

<ruby>コ<rt>코</rt></ruby>・<ruby>ー<rt></rt></ruby><ruby>ラ<rt>라</rt></ruby><ruby>は<rt>와</rt></ruby> <ruby>ク<rt>쿠</rt></ruby><ruby>ー<rt>ー</rt></ruby><ruby>ラ<rt>라</rt></ruby><ruby>ー<rt>ー</rt></ruby><ruby>ボ<rt>복</rt></ruby>・<ruby>ッ<rt></rt></ruby><ruby>ク<rt>꾸</rt></ruby><ruby>ス<rt>스</rt></ruby><ruby>の<rt>노</rt></ruby> <ruby>な<rt>나</rt></ruby><ruby>か<rt>까</rt></ruby><ruby>に<rt>니</rt></ruby> <ruby>あ<rt>아</rt></ruby><ruby>り<rt>리</rt></ruby><ruby>ま<rt>마</rt></ruby><ruby>す<rt>스</rt></ruby>。

코ー라와 쿠ー라ー복・꾸스노 나까니 아리마스
コーラは クーラーボックスの なかに あります。

콜라는 아이스박스(의) 안에 있습니다.

① でんわ ー まえ   ② いす ー うえ

③ テーブル ー した   ④ パン ー うしろ

---

word   でんわ 전화 | まえ 앞 | いす 의자 | うえ 위 | テーブル 테이블 | した 아래 | パン 빵 |
うしろ 뒤

2

링・고가 히또쯔 아리마스
りんごが ひとつ あります。 사과가 한 개 있습니다.

① はこ ー ふたつ   ② おかし ー みっつ

③ いちご ー いつつ   ④ いす ー とお

---

word   はこ 상자 | ふたつ 두 개 | おかし 과자 | みっつ 세 개 | いちご 딸기 |
いつつ 다섯 개 | とお 열 개

3

<ruby>さ<rt>사</rt></ruby><ruby>と<rt>또</rt></ruby><ruby>う<rt>-</rt></ruby>さんは <ruby>きょ<rt>쿄</rt></ruby><ruby>う<rt>-</rt></ruby><ruby>だ<rt>다</rt></ruby><ruby>い<rt>이</rt></ruby>が <ruby>い<rt>이</rt></ruby><ruby>ま<rt>마</rt></ruby><ruby>す<rt>스</rt></ruby>か。

사또 - 상 · 와   쿄 - 다 이 가 이 마 스 까

사토 씨는 형제가 있습니까?

① <ruby>こ<rt>코</rt></ruby><ruby>ど<rt>도</rt></ruby><ruby>も<rt>모</rt></ruby>

② <ruby>ペッ<rt>펫 ·</rt></ruby><ruby>ト<rt>또</rt></ruby>

③ <ruby>か<rt>카</rt></ruby><ruby>れ<rt>레</rt></ruby><ruby>し<rt>시</rt></ruby>

④ <ruby>に<rt>니</rt></ruby><ruby>ほ<rt>혼 ·</rt></ruby><ruby>ん<rt></rt></ruby><ruby>じ<rt>진 ·</rt></ruby><ruby>ん<rt></rt></ruby>の <ruby>と<rt>토</rt></ruby><ruby>も<rt>모</rt></ruby><ruby>だ<rt>다</rt></ruby><ruby>ち<rt>찌</rt></ruby>

> word
>
> **こども** 아이, 자식 | **ペット** 펫, 애완동물 | **かれし** 남자친구 | **にほんじん** 일본인 |
> **ともだち** 친구

4

<ruby>あ<rt>아</rt></ruby><ruby>に<rt>니</rt></ruby>が <ruby>ひ<rt>히</rt></ruby><ruby>と<rt>또</rt></ruby><ruby>り<rt>리</rt></ruby> <ruby>い<rt>이</rt></ruby><ruby>ま<rt>마</rt></ruby><ruby>す<rt>스</rt></ruby>。 형이 한 명 있습니다.

아 니 가   히 또 리   이 마 스

① <ruby>い<rt>이</rt></ruby><ruby>も<rt>모</rt></ruby><ruby>う<rt>-</rt></ruby><ruby>と<rt>또</rt></ruby> ― <ruby>ふ<rt>후</rt></ruby><ruby>た<rt>따</rt></ruby><ruby>り<rt>리</rt></ruby>

② <ruby>お<rt>오</rt></ruby><ruby>と<rt>또</rt></ruby><ruby>う<rt>-</rt></ruby><ruby>と<rt>또</rt></ruby> ― <ruby>さ<rt>산 ·</rt></ruby><ruby>ん<rt></rt></ruby><ruby>に<rt>닝 ·</rt></ruby><ruby>ん<rt></rt></ruby>

③ <ruby>む<rt>무</rt></ruby><ruby>す<rt>스</rt></ruby><ruby>こ<rt>꼬</rt></ruby> ― <ruby>ふ<rt>후</rt></ruby><ruby>た<rt>따</rt></ruby><ruby>り<rt>리</rt></ruby>

④ <ruby>む<rt>무</rt></ruby><ruby>す<rt>스</rt></ruby><ruby>め<rt>메</rt></ruby> ― <ruby>よ<rt>요</rt></ruby><ruby>に<rt>닝 ·</rt></ruby><ruby>ん<rt></rt></ruby>

> word
>
> **いもうと** 여동생 | **ふたり** 두 명 | **おとうと** 남동생 | **さんにん** 세 명 |
> **むすこ** 아들 | **むすめ** 딸 | **よにん** 네 명

▶ MP3 1-50 │따라읽기 MP3 1-52

① チョ
아노ー 코ー라와 도꼬니 아리마스 까
あのう、コーラは どこに ありますか。
① ② ③ ④

きむら
코ー라와 쿠ー라ー복・ 꾸스노 나까니 아리마스
コーラは クーラーボックスの なかに あります。
⑤ ⑥ ⑦ ⑧

チョ
모시까시떼 비ー루모 아리마스까
もしかして、ビールも ありますか。
⑨ ⑩ ⑪

きむら
이ー에 비ー루와 아리마셍・
いいえ、ビールは ありません。
⑫ ⑬ ⑭

데모 미즈또 링・고가 히또쯔 아리마스
でも、みずと りんごが ひとつ あります。
⑮ ⑯ ⑰ ⑱ ⑲

▶ MP3 1-51 │따라읽기 MP3 1-53

② パク
사또ー상・와 쿄ー다이가 이마스까
さとうさんは きょうだいが いますか。
① ② ③

さとう
하이 아니가 히또리 이마스
はい、あにが ひとり います。
④ ⑤ ⑥ ⑦

パク
와따시와 아니와 이마 셍・ 아네가 후따리 이마스
わたしは あには いません。あねが ふたり います。
⑧ ⑨ ⑩ ⑪ ⑫ ⑬

さとう
오네ー상・가 후따리데스까 우라야마시ー데스네
おねえさんが ふたりですか。うらやましいですね。
⑭ ⑮ ⑯

어휘력 쑥쑥 키우기!

あのう 저, 저기요	**ビール** 맥주	**～と** ～와/과
どこ 어디	**いいえ** 아니요	**りんご** 사과
クーラーボックス	**～も** ～도	**あね** 언니, 누나
아이스박스, 휴대용 냉장고	**でも** 하지만	**ふたり** 두 명, 두 사람
もしかして 혹시	**みず** 물	**うらやましい** 부럽다

조 저기요, 콜라는 어디에 있습니까?
　　　　①　　②　　③　　④

기무라 콜라는 아이스박스(의) 안에 있습니다.
　　　　⑤　　　⑥　　　⑦　　⑧

조 혹시, 맥주도 있습니까?
　　　⑨　　⑩　　⑪

기무라 아니요, 맥주는 없습니다.
　　　　⑫　　⑬　　⑭

　　　하지만, 물과 사과가 하나 있습니다.
　　　⑮　　⑯　⑰　⑱　　⑲

 박 사토 씨는 형제가 있습니까?
　　　　①　　②　　③

사토 네, 형이 한 명 있습니다.
　　　④　⑤　⑥　　⑦

박 저는 오빠는 없습니다. 언니가 두 명 있습니다.
　　　⑧　⑨　　⑩　　⑪　⑫　　⑬

사토 언니가 두 명입니까? 부럽군요.
　　　⑭　　⑮　　⑯

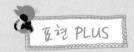

★ あのう　저, 저기요

말하는 사람이 무언가 말을 꺼내려고 하거나 상대방을 부르는 경우에 쓰는 표현입니다. 또한 다음에 할 말이 딱히 생각나지 않을 때 즉, 하려고 하는 말을 주저하는 경우에도 쓰입니다.

★ もしかして　혹시

이 표현은 말하는 사람이 하고자 하는 말이 불확실한 경우에 쓰는 접속사입니다. 참고로, 여기 쓰인 「もし」는 '만약, 만일'이라는 뜻인데, 다른 표현으로 「まんがいち(万が一)」라고도 합니다. 함께 알아두세요.

★ うらやましいですね　부럽군요, 부럽네요

이 표현은 상대방의 이야기를 듣고 자신의 생각을 긍정적으로 대답해 줄 때 씁니다. 「～ですね」는 주로 말하는 이의 감정을 강조해서 말하고자 할 때 쓰는 표현입니다.

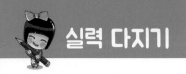

연습문제 1

01 다음 빈칸에 들어갈 알맞은 말을 [보기] 중에서 골라 써 보세요.

> [보기] ひとり   あります   いますか   ひとつ

1 コーラは クーラーボックスの なかに (　　　　　　　　)。

2 りんごが (　　　　　　　　) あります。

3 さとうさんは きょうだいが (　　　　　　　　)。

4 あにが (　　　　　　　　) います。

02 다음 밑줄 친 표현을 부정 표현으로 바꾸어 써 보세요.

1 いすの うえに ほんが <u>あります</u>。 → (　　　　　　　　　　　　　)

2 あねが <u>います</u>。　　　　　　　 → (　　　　　　　　　　　　　)

3 はこが <u>あります</u>。　　　　　 → (　　　　　　　　　　　　　)

03 다음 밑줄 친 부분의 우리말 의미에 해당하는 일본어를 써 보세요.

1 みずは クーラーボックスの ＿＿＿＿＿に ＿＿＿＿＿。
　　　　　　　　　　　　　　　　위　　　　　　있습니다

2 りんごが ＿＿＿＿＿ あります。
　　　　　　두 개

3 さとうさんは きょうだいが ＿＿＿＿＿。
　　　　　　　　　　　　　　있습니까?

4 ＿＿＿＿＿が ＿＿＿＿＿ います。
　　형 / 오빠　　　　세 명

문자 01 다음 빈칸에 들어갈 알맞은 단어를 ①~④ 중에서 골라 보세요.

1 もしかして、(맥주)も ありますか。
   ① ピル   ② ピール   ③ ビール   ④ ビル

2 あにが (한 명) います。
   ① ひどり   ② ひとり   ③ ひとつ   ④ ひどつ

문법 02 _____★_____에 들어갈 알맞은 말을 ①~④ 중에서 골라 보세요.

1 さとうさん_____★____ _____ _____ _____か。
   ① が   ② は   ③ きょうだい   ④ います

2 コーラは クーラーボックス_____ _____ ___★___ _____。
   ① なか   ② あります   ③ の   ④ に

청해 03 잘 듣고, B의 대답으로 알맞은 것을 ①~③ 중에서 골라 보세요. 🔘 MP3 **1-54**

1 A : コーラは どこに ありますか。
   B : ①   ②   ③

2 A : さとうさんは きょうだいが いますか。
   B : ①   ②   ③

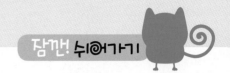
위치와 방향을 나타내는 표현들

일본어의 위치와 방향을 나타내는 표현들은 한자와 함께 기억하면 쉽게 외울 수 있습니다. 꼭 알아두어야 할 기본적인 표현이고 회화에서도 자주 쓰이므로 잘 기억해 두세요.

うえ[上]⇔した[下]　　なか[中]⇔そと[外]
　위　　　　아래　　　　　안, 속　　겉, 바깥

まえ[前]⇔うしろ[後ろ]　　ひだり[左]⇔みぎ[右]
　앞　　　　뒤　　　　　　왼쪽　　　오른쪽

옆, 곁 ⇒ そば・よこ・となり　　　근처, 주변 ⇒ ちかく[近く]
건너편 ⇒ むこう[向こう]　　　　　반대편 ⇒ はんたいがわ[反対側]
동(쪽)・서(쪽)・남(쪽)・북(쪽) ⇒ ひがし[東]・にし[西]・みなみ[南]・きた[北]

예　ほんの うえ　　　いすの した　　　へやの なか　　　いえの そと
　　（책 위）　　　　（의자 아래）　　　（방 안）　　　　（집 밖）

　　くつの まえ　　　つくえの うしろ　　かばんの よこ　　　ちちの ひだり
　　（신발 앞）　　　　（책상 뒤）　　　　（가방 옆）　　　　（아버지의 왼쪽）

　　ははの みぎ　　　えきの ちかく　　　みちの むこう
　　（어머니의 오른쪽）　（역 근처）　　　　（길 건너편）

마무리! 확인하기

☐ コーラは クーラーボックスの なかに [　　　　　]。 콜라는 아이스박스 안에 있습니다.

☐ りんごが [　　　　] あります。 사과가 한 개 있습니다.

☐ さとうさんは きょうだいが [　　　　　　]。 사토 씨는 형제가 있습니까?

☐ あにが [　　　　] います。 형이 한 명 있습니다.

PART 06

朝 ごはんを たべる。
あ さ

아침밥을 먹는다.

학습 목표
- 동사의 종류(1) 1그룹 동사
- 동사의 종류(2) 2그룹 동사
- 동사의 종류(3) 3그룹 동사

MP3 1-55

01

고 젱・ 하찌 지　 산 줍 뿡・　 카이 샤 니 이 꾸
ご ぜん　は ち じ　 さんじゅっぷん　 かい しゃ
午前 8時 30分、会社に いく。
오전　 8시　 30분　　 회사에　 간다.

🔍 동사의 종류

일본어 동사의 특징은 활용을 하는 어미가 반드시 'う단 음(う・く(ぐ)・す・つ・ぬ・ぶ・む・る)'이라는 점입니다. 동사의 종류는 아래와 같이 세 가지가 있습니다.

1그룹 동사(5단동사) : 어미가 '**あ단・い단・う단・え단・お단**'의 5개 단에 모두 걸쳐 활용하는 동사

2그룹 동사(1단동사) : 어미가 '**い단**' 또는 '**え단**'의 단에서만 활용하는 동사

3그룹 동사(불규칙동사) : 「**する**(하다)」와 「**くる**(오다)」의 단 두 개뿐인 동사

Tip

3그룹 동사는 동사의 어미와 관련된 활용 규칙이 전혀 적용되지 않으므로 무조건 외워야 합니다.

🔍 1그룹 동사(1) – 어미가 「る」가 아닌 'う단 음'인 경우

동사의 어미가 '**る**」가 아닌 나머지 'う단 음(う・く(ぐ)・す・つ・ぬ・ぶ・む)'인 경우는 무조건 1그룹 동사가 됩니다. 아래와 같이 어미가 「る」가 아닌 う단음은 총 8가지입니다.

～う[u]	～く[ku]	～ぐ[gu]	～す[su]
あう(会う)	かく(書く)	およぐ(泳ぐ)	はなす(話す)
만나다	쓰다	수영하다	이야기하다
～つ[tsu]	**～ぬ[nu]**	**～ぶ[bu]**	**～む[mu]**
たつ(立つ)	しぬ(死ぬ)	あそぶ(遊ぶ)	のむ(飲む)
일어서다	죽다	놀다	마시다

word

午前(ごぜん) 오전

～時(じ) ～시

～分(ふん・ぶん) ～분

会社(かいしゃ) 회사

～に ～에

いく(行く) 가다

02

고 고 로꾸지　우 찌니 카 에 루
午後 6時、うちに かえる。
오후　6시　　집에　　돌아온다.

🔍 1그룹 동사(2) – 어미가「る」인 경우

동사의 어미가「る」인 경우는 어미인「る」의 앞 글자가 'あ단 음・う단 음・お단 음'인 경우에 만 1그룹 동사가 됩니다. 아래의 표를 보면서 배워 봅시다.

あ단음 + る	う단음 + る	お단음 + る
あがる(上がる) 올라가다 〔ga〕	つくる(作る) 만들다 〔ku〕	おこる(起こる) 일어나다 〔ko〕
おわる(終わる) 끝나다 〔wa〕	うる(売る) 팔다 〔u〕	とる(取る) 잡다, 쥐다 〔to〕

참고로, 어미가「る」라고 해서 무조건 1그룹 동사는 아닙니다. 즉, 어미가「る」인 경우는 바로 앞 글자의 음이 어느 단 음인지에 따라 1그룹 동사가 될 수도 있고 2그룹 동사가 될 수도 있지 요. 1그룹 동사가 되려면 어미「る」의 앞 글자가 'あ단 음・う단 음・お단 음'이어야 한다는 사 실을 잘 기억해 두세요.

Tip

「すわる」나「おわる」와 같이,「る」의 앞 글자가 「わ」인 경우도「わ」가 あ 단 음이기 때문에 1그룹 동사입니다.

word

午後(ごご) 오후
うち 집
かえる(帰る) 돌아가(오)다

MP3 1-55

03
아사 고 항 • 오 타 베 루
朝(あさ)ごはんを たべる。
아침밥을　　　　먹는다.

2그룹 동사

2그룹 동사는 어미가 **い**단 또는 **え**단의 한 개의 단에서만 활용하는 동사를 말하며, 그래서 '1단동사'라고도 합니다. 2그룹 동사는 무조건 어미가 「**る**」로 끝나게 됩니다. 이 점은 어미가 「**る**」인 1그룹 동사의 경우와 같은 상황이지만, 2그룹 동사는 어미인 「**る**」의 앞 글자가 'い단 음' 인 경우와 'え단 음'인 경우의 두 가지 형태만 해당됩니다. 아래의 표를 보면서 배워 봅시다.

い단음 + る	え단음 + る
お<u>き</u>る(起きる) 일어나다 〔ki〕	す<u>て</u>る(捨てる) 버리다 〔te〕
<u>き</u>る(着る) (옷을) 입다 〔ki〕	<u>で</u>る(出る) 나오다, 나가다 〔de〕

～を　～을/를 (목적격 조사)

동사가 목적어를 필요로 하는 타동사인 경우에 목적격 조사인 「**～を**」를 씁니다. 반면, 목적어가 필요 없는 자동사인 경우는 주격 조사 「**～が**」(～이/가)를 쓰면 됩니다.

예　テレビを みる。 텔레비전을 보다. 〔타동사인 경우〕
　　ドアが あく。 문이 열리다. 〔자동사인 경우〕

Tip

동사의 어미가 「**る**」인 경우에는 먼저 「**る**」의 앞 글자가 'い단 음'인지 'え단 음'인지 살펴 봐서 2그룹 동사임을 찾는 것이 가장 쉽고 빠른 방법입니다.

word

朝(あさ)ごはん 아침밥
たべる(食べる) 먹다
テレビ 텔레비전
みる(見る) 보다
ドア 문
あく(開く) 열리다

04

카 이 기 노 줌·비 오 스 루
会議の 準備を する。
회의   준비를   한다.

🔍 3그룹 동사

3그룹 동사는 단 2개의 동사, 「**する**(하다)」와 「**くる**(오다)」뿐입니다. 이 3그룹 동사는 앞에서 배운 1그룹 동사와 2그룹 동사와는 다르게 어미의 활용 규칙이 전혀 적용되지 않고 불규칙하게 활용하는 동사입니다. 그래서 '불규칙동사, 변격동사'라고도 하지요.

3그룹 동사의 특징은 다음과 같습니다.

1. 어간과 어미의 구별이 없다.

2. 정해져 있는 활용 규칙이 없다.

3. 각 활용형들을 있는 그대로 무조건 외워야 한다.

する (하다)	**くる(来る)** (오다)
運動を する。 운동을 하다	韓国に 来る。 한국에 오다.
会議を する。 회의를 하다	友だちが 来る。 친구가 오다.

참고로, 한자어를 목적어로 한 「**~を する**(~을 하다)」의 형태는 목적격 조사인 「を」를 빼고 「한자어 + する」의 형태로 줄여서 나타내는 경우도 많습니다. 이렇게 「**~する**(~하다)」의 형태로 끝나기 때문에 이것을 '**する**동사'라고 부릅니다.

예　勉強を する ⇒ 勉強する　　運動を する ⇒ 運動する
　　공부를 하다　　　공부하다　　　　운동을 하다　　　운동하다

1

mp3 1-56

1그룹 동사		
동사 해석		구조
예 いく 가다		i + ku
예 すわる 앉다		suwa + ru
예 ふる 내리다		fu + ru
예 おこる 일어나다		oko + ru
❶ あう 만나다		+
❷ かく 쓰다		+
❸ およぐ 헤엄치다		+
❹ はなす 말하다		+
❺ たつ 서다		+
❻ しぬ 죽다		+
❼ あそぶ 놀다		+
❽ のむ 마시다		+
❾ まつ 기다리다		+
❿ よぶ 부르다		+
⓫ あらう 씻다		+
⓬ みがく 닦다		+
⓭ よむ 읽다		+
⓮ きく 듣다		+
⓯ あがる 올라가(오)다		+
⓰ おわる 끝나다		+
⓱ つくる 만들다		+
⓲ うる 팔다		+
⓳ とる 잡다		+
★ かえる 돌아가(오)다		+
★ はいる 들어가(오)다		+
★ きる 자르다		+

2그룹 동사		
동사 해석		구조
예 みる 보다		mi + ru
예 たべる 먹다		tabe + ru
⓴ おきる 일어나다		+
㉑ きる 입다		+
㉒ かりる 빌리다		+
㉓ すてる 버리다		+
㉔ でる 나오다		+
㉕ ねる 자다		+

3그룹 동사		
동사 해석		구조
예 準備をする 준비를 하다		suru
예 夏がくる 여름이 오다		kuru
㉖ 運動をする 운동을 하다		
㉗ 掃除する 청소하다		
㉘ 韓国にくる 한국에 오다		
㉙ 友だちがくる 친구가 오다		

동사 해석	구조	그룹
❶ はなす 말하다	+	
❷ みる 보다	+	
❸ いく 가다	+	
❹ 準備をする 준비를 하다		
❺ うる 팔다	+	
❻ よむ 읽다	+	
❼ のむ 마시다	+	
❽ 夏がくる 여름이 오다		
❾ かく 쓰다	+	
❿ たつ 서다	+	
⓫ きる 자르다	+	
⓬ およぐ 헤엄치다	+	
⓭ あがる 올라가(오)다	+	
⓮ すてる 버리다	+	
⓯ おわる 끝나다	+	
⓰ あらう 씻다	+	
⓱ おこる 일어나다	+	
⓲ すわる 앉다	+	
⓳ とる 잡다	+	
⓴ 運動をする 운동을 하다		

동사 해석	구조	그룹
㉑ ふる 내리다	+	
㉒ あう 만나다	+	
㉓ はいる 들어가(오)다	+	
㉔ かりる 빌리다	+	
㉕ きる 입다	+	
㉖ きく 듣다	+	
㉗ みがく 닦다	+	
㉘ ねる 자다	+	
㉙ 韓国にくる 한국에 오다		
㉚ でる 나오다	+	
㉛ まつ 기다리다	+	
㉜ あそぶ 놀다	+	
㉝ かえる 돌아가(오)다	+	
㉞ 掃除する 청소하다		
㉟ しぬ 죽다	+	
㊱ よぶ 부르다	+	
㊲ つくる 만들다	+	
㊳ たべる 먹다	+	
㊴ 友だちがくる 친구가 오다		
㊵ おきる 일어나다	+	

▶ MP3 1-58 따라읽기 MP3 1-59

코레와 와따시노 이찌니찌노 스케 쥬 - 루데스
これは 私の 一日の スケジュールです。
①   ②   ③   ④

아사 시찌지   오끼루   카오오 아라우   하오 미가꾸
朝 7時、おきる。 → 顔を あらう。 / 歯を みがく。
⑤ ⑥   ⑦   ⑧ ⑨   ⑩   ⑪

　　　아사고항· 오 타베루   고 젱· 해지 산즙뿡· 카이샤 애 이꾸
→ 朝ごはんを たべる。 → 午前 8時 30分、会社へ いく。
　　　⑫   ⑬   ⑭   ⑮   ⑯   ⑰

　　카이기 노 쥼· 비오 스루   토리히끼사끼 또 아우
→ 会議の 準備を する。 → 取引先と あう。
　　⑱   ⑲   ⑳   ㉑   ㉒

　　시료- 오 츠꾸루   고고 로꾸지 우찌니 카에루
→ 資料を つくる。 → 午後 6時、うちに かえる。
　　㉓   ㉔   ㉕   ㉖   ㉗   ㉘

　　테레비오 미루   옹· 가꾸오 키꾸
→ テレビを みる。 → 音楽を きく。
　　㉙   ㉚   ㉛   ㉜

　　펫· 또또 아소부   헤야노 소-지오 스루
→ ペットと あそぶ。 → 部屋の 掃除を する。
　　㉝   ㉞   ㉟   ㊱   ㊲

　　오후로니 하이루   요루 쥬- 지 네루
→ お風呂に はいる。 → 夜 10時、ねる。
　　㊳   ㊴   ㊵ ㊶   ㊷

어휘력 쑥쑥 키우기!

一日(いちにち) 하루	取引先(とりひきさき) 거래처	あそぶ(遊ぶ) 놀다
スケジュール 스케줄	～と あう(会う) ~와/과 만나다	部屋(へや) 방
おきる(起きる) 일어나다	資料(しりょう) 자료	掃除(そうじ) 청소
顔(かお) 얼굴	つくる(作る) 만들다	お風呂(ふろ)に はいる(入る)
あらう(洗う) 씻다	音楽(おんがく) 음악	목욕하다
歯(は) 이, 치아	きく(聞く) 듣다	夜(よる) 밤
みがく(磨く) 닦다	ペット 애완동물	ねる(寝る) 자다

이것은 저의 하루(의) 스케줄입니다.
　① 　② 　③ 　④

아침 7시, 일어난다. → 얼굴을 씻는다. / 이를 닦는다.
⑤ ⑥ 　⑦ 　　 ⑧ ⑨ 　 ⑩ ⑪

→ 아침밥을 먹는다. → 오전 8시 30분 회사에 간다.
　⑫ 　⑬ 　 ⑭ ⑮ 　⑯ ⑰

→ 회의 준비를 한다. → 거래처와 만난다.
　⑱ ⑲ ⑳ 　　 ㉑ ㉒

→ 자료를 만든다. → 오후 6시, 집에 돌아간다.
　㉓ ㉔ 　 ㉕ ㉖ 　㉗ ㉘

→ 텔레비전을 본다. → 음악을 듣는다.
　㉙ ㉚ 　 ㉛ ㉜

→ 애완동물과 논다. → 방(의) 청소를 한다.
　㉝ ㉞ 　 ㉟ ㊱ ㊲

→ 목욕을 한다. → 밤 10시, 잔다.
　㊳ ㊴ 　 ㊵ ㊶ ㊷

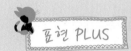

표현 PLUS

★ ～へ ～에 (위치 조사)

「へ[he]」가 조사로 쓰일 경우는 [e]라고 읽습니다. 「へ」는 「に」와 마찬가지로 '~에'라는 뜻의 위치나 장소를 나타낼 때 쓰는 조사인데, 의미는 같지만 쓰임의 차이가 있습니다. 먼저 「へ」는 뒤에 오는 동사에 중점을 두고 방향을 가리키지만, 「に」는 앞에 오는 명사에 중점을 두고 목적지나 종착점을 가리킵니다.

★ うち 집

'집'이라는 뜻의 단어에는 「いえ」와 「うち」가 있습니다. 먼저 「いえ」는 주거 형태 자체, 즉 영어의 house에 해당하고, 「うち」는 '집'이라는 뜻 외에 '가정'을 뜻하여 영어의 home에 해당합니다.

★ お風呂に はいる 목욕하다

원래 「お風呂」는 '욕조'의 뜻이고 「はいる」는 '들어가다'의 뜻이라서 직역하면 '욕조에 들어가다'라는 뜻이지요. 그런데 숙어처럼 쓰이기 때문에 '목욕하다'라고 해석하는 것이 자연스럽습니다.

연습문제 1

01 다음 질문에 해당하는 동사를 [보기] 중에서 골라 번호를 써 보세요.

> 보기
> ①ふる　②みる　③いく　④すわる　⑤おきる
> ⑥する　⑦よむ　⑧たべる　⑨くる　⑩ねる

1 어미가「る」인 1그룹 동사 → (　　　) (　　　)

2 어미가「る」가 아닌 1그룹 동사 → (　　　) (　　　)

3 어미「る」앞이 'い단 음'인 2그룹 동사 → (　　　) (　　　)

4 어미「る」앞이 'え단 음'인 2그룹 동사 → (　　　) (　　　)

5 불규칙하게 활용하는 3그룹 동사 → (　　　) (　　　)

02 다음 동사의 종류가 1그룹 동사이면 1, 2그룹 동사이면 2를 써 넣으세요.

1 かりる → (　　　)　　　　2 はなす → (　　　)

3 でる　 → (　　　)　　　　4 あそぶ → (　　　)

5 つくる → (　　　)　　　　6 ねる　 → (　　　)

03 다음 밑줄 친 부분의 우리말 의미에 해당하는 일본어를 써 보세요.

1 本を ＿＿＿＿＿＿。
　ほん　　읽는다

2 いすに ＿＿＿＿＿＿。
　　　　　앉는다

3 テレビを ＿＿＿＿＿＿。
　　　　　본다

4 夏が ＿＿＿＿＿＿。
　なつ　　온다

문자 01 다음 밑줄 친 부분 중 한자는 히라가나로, 히라가나는 한자로 알맞게 바꾼 것을
①～④ 중에서 골라 보세요.

1 <u>午後</u> 6時、うちに かえる。

① こご　　　　② ごご　　　　③ ごこ　　　　④ ここ

2 午前 8時 30分、<u>かいしゃ</u>に 行く。

① 外車　　　　② 会者　　　　③ 外社　　　　④ 会社

문법 02 ＿＿＿＿★＿＿＿에 들어갈 알맞은 말을 ①～④ 중에서 골라 보세요.

1 友だち＿＿＿★＿＿＿ ＿＿＿＿＿＿。＿＿＿＿＿＿ ＿＿＿＿＿＿ かえる。

① と　　　　　② うち　　　　③ あそぶ　　　　④ に

2 宿題 ＿＿＿＿＿ ＿＿＿＿＿★＿。＿＿＿＿＿ ＿＿＿＿＿掃除を する。

① の　　　　　② を　　　　　③ 部屋　　　　④ する

청해 03 잘 듣고, 일정 순서가 올바른 것을 ①～③ 중에서 골라 보세요. 🎵 MP3 **1-60**

① 取引先と 会う → 会議の 準備 → 資料を つくる

② 会議の 準備 → 取引先と 会う → 資料を つくる

③ 資料を つくる → 取引先と 会う → 会議の 準備

2그룹 동사의 형태를 가진 '예외 1그룹 동사'

1그룹 동사 중에서 예외적으로 2그룹 동사의 형태를 가진 동사가 있습니다. 이 동사들을 '예외 1그룹 동사'라고 말하는데, 형태는 2그룹 동사이지만 1그룹 동사의 활용 규칙을 따르기 때문에 1그룹 동사에 포함된 것이지요. 각 동사의 활용 규칙에 관해서는 아직 배우지 않았지만, 기본형의 형태만이라도 지금 따로 기억해 두어야 나중에 활용 규칙을 적용할 때 헷갈리지 않습니다. 다음은 가장 대표적인 '예외 1그룹 동사'들입니다.

어미「る」 앞이 い단 음인 1그룹 동사	어미「る」 앞이 え단 음인 1그룹 동사
いる (要る) 필요하다 きる (切る) 자르다, 끊다 しる (知る) 알다 はいる (入る) 들어가다, 들어오다 はしる (走る) 달리다	あせる (焦る) 초조해하다 かえる (帰る) 돌아가다, 돌아오다 てる (照る) (빛 등이) 비치다 ねる (練る) 다듬다 へる (減る) 줄다, 줄어들다
예 紙を きる(切る)。 종이를 자르다. 部屋に はいる(入る)。 방에 들어가다/들어오다.	예 家に かえる(帰る)。 집에 돌아가다/돌아오다. 量が へる(減る)。 양이 줄어들다.

마무리! 확인하기

☐ 顔を ⬜ 。 / 資料を ⬜ 。   얼굴을 씻는다. / 자료를 만든다.

☐ 会社へ ⬜ 。 / ペットと ⬜ 。   회사에 간다. / 애완동물과 논다.

☐ テレビを ⬜ 。 / 朝ごはんを ⬜ 。   텔레비전을 본다. / 아침밥을 먹는다.

☐ 準備を ⬜ 。 / 夏が ⬜ 。   준비를 한다. / 여름이 온다.

학습 목표

- 동사의 ます형 [정중한 긍정 표현]
- 동사 ます형의 부정 표현 : ～ません
- 동사 ます형의 과거 표현 : ～ました

MP3 **2-1**

01

마이 니찌 에- 지 심 · 붕 · 오 요 미 마 스
まい にち えい じ しん ぶん
毎日 英字新聞を よみます。
매일　　영자신문을　　　읽습니다.

반말은 이렇게 말해요! まいにち えい じ しんぶん 毎日 英字新聞を よむよ。 매일 영자신문을 읽어.

동사의 ます형 : ~합니다

동사의 정중한 긍정 표현을 만들려면 기본형을 활용 규칙에 따라 바꾼 후에 「ます」를
붙입니다. 동사의 종류에 따라 활용 규칙이 각각 다르므로 동사의 기본형에 「ます」를 연결
할 경우는 해당 동사가 몇 그룹 동사인지를 정확히 파악하고 있어야 합니다.

1그룹 동사의 ます형

1그룹 동사에 「ます」를 연결하려면, 어미를 'い단'으로 바꾼 후에 「ます」를 붙이면 됩니다.

어미가 る가 아닌 1그룹 동사	어미가 る인 1그룹 동사
▶ あう(会う) ⇒ あいます (만나다)　　(만납니다)	〈あ단음 + る〉 あがる(上がる) ⇒ あがります (올라가다)　　(올라갑니다)
▶ かく(書く) ⇒ かきます (쓰다)　　(씁니다)	
▶ たつ(立つ) ⇒ たちます (일어서다)　　(일어섭니다)	〈う단음 + る〉 つくる(作る) ⇒ つくります (만들다)　　(만듭니다)
▶ あそぶ(遊ぶ) ⇒ あそびます (놀다)　　(놉니다)	〈お단음 + る〉
▶ よむ(読む) ⇒ よみます (읽다)　　(읽습니다)	とる(取る) ⇒ とります (잡다)　　(잡습니다)

Tip

동사의 ます형이란, 활
용 규칙에 맞추어 「ま
す」를 연결했을 때 「ま
す」를 뺀 바로 앞의 형
태를 말합니다. 다른 말
로 '연용형'이라고도 합
니다.

word

毎日(まいにち) 매일
英字新聞(えいじし
ぶん) 영자신문
~を ~을/를
よむ(読む) 읽다

116

🔍 2그룹 동사의 ます형

2그룹 동사에 「**ます**」를 연결하려면, 어미 「**る**」를 없애고 바로 뒤에 「**ます**」를 붙이면 됩니다.

Tip

2그룹 동사의 ます형은 어미 「**る**」를 뺀 어간 부분을 가리킵니다.

어미 「る」 앞이 い단인 2그룹 동사	어미 「る」 앞이 え단인 2그룹 동사
▶ <u>み</u>る(見る) ⇒ <u>み</u>ます (보다)　　　　(봅니다)	▶ <u>たべ</u>る(食べる) ⇒ <u>たべ</u>ます (먹다)　　　　(먹습니다)
▶ <u>き</u>る(着る) ⇒ <u>き</u>ます (입다)　　　　(입습니다)	▶ <u>ね</u>る(寝る) ⇒ <u>ね</u>ます (자다)　　　　(잡니다)
▶ <u>おち</u>る(落ちる) ⇒ <u>おち</u>ます (떨어지다)　　　(떨어집니다)	▶ <u>あげ</u>る(上げる) ⇒ <u>あげ</u>ます (올리다)　　　　(올립니다)

🔍 3그룹 동사의 ます형

3그룹 동사인 「**する**」(하다)와 「**くる**」(오다)는 다른 동사와는 다르게 활용 규칙이 적용되지 않는 불규칙동사이므로, 기본형에 「**ます**」를 연결한 형태를 있는 그대로 외워야 합니다.

Tip

3그룹 동사인 「**する**」는 가능형(できる)을 제외하고, 모든 활용형이 「し」로만 바뀌어 연결됩니다.

する	くる
▶ する ⇒ <u>し</u>ます (하다)　(합니다)	▶ くる(来る) ⇒ <u>き</u>ます (오다)　　　　(옵니다)

MP3 **2-1**

02

아사 고 항・ 와 호똔・ 도 타베마 셍・

朝ごはんは ほとんど たべません。
あさ

아침밥은 　　　거의 　　　먹지 않습니다.

반말은 이렇게 말해요! 朝ごはんは ほとんど たべないよ。 아침밥은 거의 안 먹어.
あさ

동사 ます형의 부정 표현 : ～ません ~하지 않습니다

동사의 정중한 긍정 표현인 「～ます(~합니다)」의 형태를 부정 표현으로 만들려면, 「ます」를 없애고 「～ません」을 붙이면 됩니다.

1그룹 동사	어미가 る가 아닌 경우	かく(書く) ⇒ かきます ⇒ かきません (쓰다) 　　(씁니다) 　(쓰지 않습니다)
	어미가 る인 경우	つくる(作る) ⇒ つくります ⇒ つくりません (만들다) 　　(만듭니다) 　(만들지 않습니다)
2그룹 동사	어미 る 앞의 글자가 い단인 경우	みる(見る) ⇒ みます ⇒ みません (보다) 　　(봅니다) 　(보지 않습니다)
	어미 る 앞의 글자가 え단인 경우	たべる(食べる) ⇒ たべます ⇒ たべません (먹다) 　　(먹습니다) 　(먹지 않습니다)
3그룹 동사	する	する ⇒ します ⇒ しません (하다) (합니다) (하지 않습니다)
	くる	くる(来る) ⇒ きます ⇒ きません (오다) 　(옵니다) 　(오지 않습니다)

Tip

「～ます」와 「～ません」 역시 의문문을 만들려면 뒤에 「か」만 붙이면 됩니다.

ほとんど ～ません 거의 ~하지 않습니다

부사인 「ほとんど」는 '거의'라는 뜻의 부사로, 항상 뒤에 부정 표현과 함께 쓰입니다. 즉, 여기서의 '거의'는 해당 동사의 행동을 할 가능성이 거의 없거나 행동의 빈도수가 매우 적음을 나타냅니다.

예 ほとんど まんがを よみません。 거의 만화책을 읽지 않습니다.

ほとんど 果物を たべません。 거의 과일을 먹지 않습니다.
　　　　　くだもの

word

ほとんど 거의
漫画(まんが) 만화책
果物(くだもの) 과일

콤 · 비 니 노 레 지 데 하 따 라 끼 마 시 따

03 コンビニの レジで はたらきました。

편의점(의) 계산원으로 일했습니다.

반말은 이렇게 말해요! コンビニの レジで はたらいたよ。 편의점 계산원으로 일했어.

동사 ます형의 과거 표현 : ~ました ~했습니다

동사의 정중한 긍정 표현인 「~ます(~합니다)」의 형태를 과거 표현으로 만들려면, 「ます」를 없애고 「~ました」를 붙이면 됩니다.

1그룹 동사	어미가 る가 아닌 경우	か<u>く</u>(書く) ⇒ か<u>き</u>ます ⇒ か<u>き</u>ました (쓰다)　　　　(씁니다)　　(썼습니다)
	어미가 る인 경우	つく<u>る</u>(作る) ⇒ つく<u>り</u>ます ⇒ つく<u>り</u>ました (만들다)　　　　(만듭니다)　　(만들었습니다)
2그룹 동사	어미 る 앞의 글자가 い단인 경우	<u>み</u>る(見る) ⇒ <u>み</u>ます ⇒ <u>み</u>ました (보다)　　　　(봅니다)　　(봤습니다)
	어미 る 앞의 글자가 え단인 경우	<u>たべ</u>る(食べる) ⇒ <u>たべ</u>ます ⇒ <u>たべ</u>ました (먹다)　　　　(먹습니다)　　(먹었습니다)
3그룹 동사	する	する ⇒ <u>し</u>ます ⇒ <u>し</u>ました (하다)　(합니다)　(했습니다)
	くる	<u>く</u>る(来る) ⇒ <u>き</u>ます ⇒ <u>き</u>ました (오다)　　　　(옵니다)　　(왔습니다)

Tip

동사의 과거 부정 표현을 만들려면, 부정 표현인 「ません」 뒤에 「でした」를 붙여서 「~ませんでした(~하지 않았습니다)」로 만들면 됩니다. 맨 뒤에 동사의 과거 표현인 「ました」를 붙이면 안 됩니다.

~で ~으로 (수단 · 방법)

조사 「~で」는 동작이 일어나는 장소나 위치를 나타낼 때는 '~에서'라는 뜻이지만, 일반적인 사물이나 신분을 나타내는 명사 뒤에 쓰이면 '~으로'라는 뜻으로 수단이나 방법, 신분을 나타내기도 합니다.

예 クレヨンで 絵を かきます。 크레용으로 그림을 그립니다.

word

コンビニ 편의점
レジ 계산원
はたらく(働く) 일하다
クレヨン 크레용
絵(え) 그림
かく(描く) 그리다

1

마이 니찌 에- 지 심·붕· 오 요 미 마 스
まい にち えい じ しん ぶん
毎日 英字新聞を よみます。

매일 영자신문을 읽습니다.

칸 지 카 쿠
かん じ
① 漢字 ― かく

카오 아 라 우
かお
② 顔 ― あらう

쥬 - 스 노 무
③ ジュース ― のむ

료 - 리 츠 쿠 루
りょう り
④ 料理 ― つくる

word 漢字(かんじ) 한자 | かく(書く) 쓰다 | 顔(かお) 얼굴 | あらう(洗う) 씻다 |
ジュース 주스 | のむ(飲む) 마시다 | 料理(りょうり) 요리 | つくる(作る) 만들다

2

이 쯔 모 아사고 항· 오 타 베 마 스 까
あさ
いつも 朝ごはんを たべますか。

힝싱 아침밥을 먹습니까?

에- 가 미 루
えい が
① 映画 ― みる

샤 쯔 키 루
② シャツ ― きる

오 까네 타 메 루
かね
③ お金 ― ためる

삭· 카 - 스 루
④ サッカー ― する

word 映画(えいが) 영화 | みる(見る) 보다 | シャツ 셔츠 | きる(着る) 입다 |
お金(かね) 돈 | ためる(貯める) 모으다, 쌓다 | サッカー 축구 | する 하다

3

<ruby>朝<rt>あさ</rt></ruby>ごはんは ほとんど たべません。

아사 고 항· 와 호 똔· 도 타베마 셍·

아침밥은 거의 먹지 않습니다.

① <ruby>音楽<rt>おんがく</rt></ruby> ― きく
옹·가꾸 키 쿠

② <ruby>雪<rt>ゆき</rt></ruby> ― ふる
유끼 후 루

③ <ruby>中国語<rt>ちゅうごくご</rt></ruby> ― わかる
츄–고꾸 고 와 카 루

④ <ruby>旅行<rt>りょこう</rt></ruby> ― する
료 꼬– 스 루

> **word** **音楽(おんがく)** 음악 | **きく(聞く)** 듣다 | **雪(ゆき)** 눈 | **ふる(降る)** 내리다 |
> **中国語(ちゅうごくご)** 중국어 | **わかる(分かる)** 알다, 이해하다 | **旅行(りょこう)** 여행

4

コンビニの レジで はたらきました。

콤· 비 니 노 레지데 하따라끼마시따

편의점 계산원으로 일했습니다.

① <ruby>部屋<rt>へや</rt></ruby> ― <ruby>電話<rt>でんわ</rt></ruby>を かける
헤 야 뎅·와오 카 께루

② カラオケ ― <ruby>歌<rt>うた</rt></ruby>を うたう
카 라오께 우따오 우 타우

③ <ruby>図書館<rt>としょかん</rt></ruby> ― <ruby>本<rt>ほん</rt></ruby>を かりる
토 쇼깐· 홍·오 카 리루

④ キッチン ― スープを つくる
킷· 친· 스 – 뿌오 츠꾸루

> **word** **部屋(へや)** 방 | **電話(でんわ)** 전화 | **かける** 걸다 | **カラオケ** 가라오케, 노래방 |
> **歌(うた)** 노래 | **うたう(歌う)** (노래를) 부르다 | **図書館(としょかん)** 도서관 | **本(ほん)** 책 |
> **かりる(借りる)** 빌리다 | **キッチン** 키친, 주방 | **スープ** 수프 | **つくる(作る)** 만들다

MP3 2-6 따라읽기 MP3 2-8

① やまぐち 山口　キム 金さんは 新聞を よみますか。
　키무 상・와 심・붕・오 요미마스 까
　① ② ③

キム 金　はい、毎日 英字新聞を よみます。
　하 이 마이니찌 에ー지 심・붕・오 요 미 마 스
　④ ⑤ ⑥ ⑦

やまぐち 山口　すごいですね。じゃ、朝ごはんは たべますか。
　스 고 이 데 스 네 쟈 아사 고 항・와 타 베 마 스 까
　⑧ ⑨ ⑩ ⑪

キム 金　いいえ、朝ごはんは ほとんど たべません。
　이ー에 아사 고 항・와 호 똔・도 타 베 마 센・
　⑫ ⑬ ⑭ ⑮

朝は コーヒーだけ のみます。
아사 와 코ー히ー다 께 노 미 마 스
⑯ ⑰ ⑱

MP3 2-7 따라읽기 MP3 2-9

② やまもと 山本　もうすぐ 授業が おわりますね。私は これから バイトです。
　모ー스구 쥬교ー가 오 와 리 마 스 네 와따시 와 고 레 까 라 바 이 토 데 스
　① ② ③ ④ ⑤ ⑥

李さんも バイトを しますか。
이 상・모 바 이 토 오 시 마 스 까
⑦ ⑧ ⑨

イ 李　いいえ、今は 忙しくて しません。
　이ー에 이마 와 이소가시 쿠 떼 시 마 센・
　⑩ ⑪ ⑫ ⑬

でも、先週まで コンビニの レジで 働きました。
데 모 센・슈ー마 데 콤・비니노 레지데 하따라끼 마 시 따
⑭ ⑮ ⑯ ⑰ ⑱

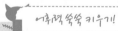

すごい 광장하다, 대단하다	授業(じゅぎょう) 수업	でも 하지만
~ですね ~군요, ~네요	おわる(終わる) 끝나다	先週(せんしゅう) 지난주
朝(あさ) 아침	これから 이제부터	コンビニ 편의점
コーヒー 커피	バイト 아르바이트	レジ 계산원
~だけ ~뿐, ~만	今(いま) 지금	はたらく(働く) 일하다
もうすぐ 이제 곧, 머지않아	忙(いそが)しい 바쁘다	

야마구찌 김 씨는 신문을 읽습니까?
　　　　　　　　① 　　② 　　③

　김 　네, 매일 영자신문을 읽습니다.
　　　　　④ 　⑤ 　　⑥ 　　　⑦

　야마구찌 대단하네요. 그럼, 아침밥은 먹습니까?
　　　　　　　　⑧ 　　　⑨ 　　⑩ 　⑪

　김 　아니요, 아침밥은 거의 먹지 않습니다.
　　　　　⑫ 　　　⑬ 　　⑭ 　　⑮

　　　　아침은 커피만 마십니다.
　　　　⑯ 　　⑰ 　　⑱

② **야마모토** 이제 곧 수업이 끝나네요. 저는 이제부터 아르바이트입니다.
　　　　　　① 　② 　③ 　　④ 　　⑤ 　　　　⑥

　　　　이 씨도 아르바이트를 합니까?
　　　　⑦ 　　⑧ 　　　⑨

　이 　아니요, 지금은 바빠서 하지 않습니다.
　　　　⑩ 　　　⑪ 　　⑫ 　　⑬

　　　　하지만, 지난주까지 편의점 계산원으로 일했습니다.
　　　　⑭ 　　　⑮ 　　⑯ 　　⑰ 　　　⑱

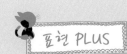

★ **毎日** 매일

여기에 쓰인 「毎(まい)」는 접두사로 '매~'의 뜻입니다. 주로 뒤에 때를 나타내는 말이 오지요. 예를 들어, 「毎朝(まいあさ・매일 아침)」, 「毎晩(まいばん・매일 밤)」, 「毎週(まいしゅう・매주)」 등이 있습니다. 특히 '매월'은 「毎月(まいつき・まいげつ)」, '매년'은 「毎年(まいとし・まいねん)」과 같이 읽는 방법이 두 가지인 것도 있습니다.

★ **〜だけ** 〜뿐, 〜만

「〜だけ」는 주로 명사 뒤에 쓰이는 표현으로 '~뿐, ~만'이라는 한정의 뜻을 나타냅니다. 특히 이 말에는 다른 것은 존재하지 않는 '오직 단 한 가지'라는 의미를 가지고 있습니다. 다른 표현으로 「〜ばかり」도 있으므로 함께 알아두세요.

★ **もうすぐ** 이제 곧, 머지않아

이 표현은 현재 시점을 기준으로 멀지 않은 가까운 시간대가 접근해 옴을 나타냅니다. 원래 각각 「もう」는 '이미, 벌써'의 뜻이고 「すぐ」는 '곧, 금방'의 뜻을 가지고 있지만 이것이 합쳐지면서 새로운 뜻의 부사가 된 것입니다.

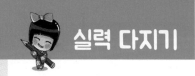

01 다음 빈칸에 들어갈 알맞은 말을 [보기] 중에서 골라 써 보세요.

> 보기   たべません   します   よみます   はたらきました

1 毎日 新聞を (　　　　　　　)。

2 朝ごはんは ほとんど (　　　　　　　)。

3 金さんは バイトを (　　　　　　　)か。

4 コンビニの レジで (　　　　　　　)。

02 다음 밑줄 친 표현을 부정 표현으로 바꾸어 써 보세요.

1 ジュースを のみます。 → (　　　　　　　　　)。

2 韓国に きます。 → (　　　　　　　　　)。

3 本を かります。 → (　　　　　　　　　)。

03 다음 밑줄 친 부분의 우리말 의미에 해당하는 일본어를 써 보세요.

1 毎日 ジュースを _____。
　　　　　　　마십니다

2 _____ 朝ごはんを たべますか。
　　　　항상

3 音楽は _____ ききません。
　　　　　　거의

4 コンビニで _____を します。
　　　　아르바이트

문자 **01** 다음 밑줄 친 부분 중 한자는 히라가나로, 히라가나는 한자로 알맞게 바꾼 것을
①〜④ 중에서 골라 보세요.

1 毎日 英字<u>新聞</u>を よみます。

① しんぶん   ② しんむん   ③ じんぶん   ④ じんむん

2 <u>あさ</u>ごはんは ほとんど たべません。

① 日   ② 昼   ③ 朝   ④ 夜

문법 **02** _____★_____에 들어갈 알맞은 말을 ①〜④ 중에서 골라 보세요.

1 いいえ、_____ _____ ___★___ _____。

① ほとんど   ② たべません   ③ 朝ごはん   ④ は

2 李さん_____ _____ ___★___ _____か。

① は   ② を   ③ します   ④ バイト

청해 **03** 잘 듣고, B의 대답으로 알맞은 것을 ①〜③ 중에서 골라 보세요.   MP3 **2-10**

1 A : 金さんは 新聞を よみますか。

B : ①   ②   ③

2 A : 李さんは バイトを しますか。

B : ①   ②   ③

특정 시간대를 나타내는 표현들

일본어에서 특정한 시간대를 나타내는 표현은 한자어이기 때문에 쉽게 느껴질 수 있지만, 그 중에서 특히 '어제, 오늘, 내일'과 같이 날(日)과 관련된 표현들은 규칙과는 전혀 다르게 읽으므로 잘못 읽지 않도록 정확하게 기억해 둡시다.

	과거		현재	미래	
日 [날]	그저께 おととい (一昨日)	어제 きのう (昨日)	오늘 きょう (今日)	내일 あした・あす (明日)	모레 あさって (明後日)
週 [주]	지지난주 せんせんしゅう (先先週)	지난주 せんしゅう (先週)	이번 주 こんしゅう (今週)	다음 주 らいしゅう (来週)	다음다음 주 さらいしゅう (再来週)
月 [월]	지지난달 せんせんげつ (先先月)	지난달 せんげつ (先月)	이번 달 こんげつ (今月)	다음 달 らいげつ (来月)	다음다음 달 さらいげつ (再来月)
年 [년]	재작년 おととし (一昨年)	작년 きょねん (去年)	올해 ことし (今年)	내년 らいねん (来年)	내후년 さらいねん (再来年)

Tip '그저께'인 「おととい」와 '재작년'인 「おととし」는 혼동하기 쉬우므로, 잘못 읽지 않도록 주의하세요.

마무리! 확인하기

- [ ] 毎日 英字新聞を 　　　　　　　　　　。 매일 영자신문을 읽습니다.
- [ ] いつも 朝ごはんを 　　　　　　　　　　。 항상 아침밥을 먹습니까?
- [ ] 朝ごはんは ほとんど 　　　　　　　　　。 아침밥은 거의 먹지 않습니다.
- [ ] コンビニの レジで 　　　　　　　　　。 편의점 계산원으로 일했습니다.

PART 08 アロハリゾートに行きたいです。
아로하 리조트에 가고 싶습니다.

アロハリゾートに
行きたいです。

학습 목표

- 희망 · 바람 : 동사 ます형 + ～たいです
- 생각 · 판단 : 동사 ます형 + ～にくい
- 동시 동작 : 동사 ます형 + ～ながら
- 권유 · 제안 : 동사 ます형 + ～ましょう

MP3 **2-11**

01

카 조꾸또　아로하리조 – 또니 이끼 따이데스
家族と アロハリゾートに 行きたいです。
가족과 　　　　　아로하 리조트에 　　　　가고 싶습니다.

반말은 이렇게 말해요! 家族と アロハリゾートに 行きたいな。
가족과 아로하 리조트에 가고 싶어.

동사 ます형 ＋ ～たいです　～하고 싶습니다 (희망, 바람)

「～たい(です)」는 뭔가 하고 싶은 '희망'을 나타낼 때 쓰는 표현으로, 동사의 **ます**형 뒤에 연결됩니다. 또한, 하고 싶은 대상이나 목적을 나타낼 때는 원칙적으로 조사 「**が**」를 쓰지만, 요즘에는 「**が**」와 「**を**」 모두를 사용합니다. 단, 조사 「**が**」는 '～이/가'가 아니라 '～을/를'로 해석하는 것이 좋습니다.

예　コーヒーが 飲みたいです。 커피를 마시고 싶습니다.
　　日本に 行きたいです。 일본에 가고 싶습니다.

～と　～와/과

「～と」는 '～와/과'라는 뜻으로, 열거를 할 때 사용하는 대표적인 조사입니다.

예　弟と 一緒に 行きます。 남동생과 함께 갑니다.

　　コーヒーと ジュース 커피와 주스

Tip

「～たい」는 조사 「が」와 함께 쓰는 것이 원칙이지만, 요즘은 조사 「を」를 쓰는 경우도 많습니다.

word

家族(かぞく) 가족
リゾート 리조트
コーヒー 커피
飲(の)む 마시다
日本(にほん) 일본
弟(おとうと) 남동생
一緒(いっしょ) 함께
ジュース 주스

요 야꾸 시 니 꾸 이 또　키 끼 마 시 따 가

02

予約しにくいと 聞きましたが…。

예약하기 어렵다고　　　　들었습니다만…….

반말은 이렇게 말해요! 予約しにくいって 聞いたけど……。

예약하기 어렵다고 들었는데…….

🔍 동사 ます형＋〜にくい　~하기 어렵다/힘들다 (생각, 판단)

「〜にくい」는 동사의 **ます**형 뒤에 연결하는 표현으로, 어떤 행동을 하기 어렵거나 힘들 것 같은 생각이 들 때 씁니다. 참고로, 반대말인 '~하기 쉽다, ~하기 편하다'는 동사의 **ます**형 뒤에 「〜やすい」를 연결하면 됩니다. 함께 알아두세요.

예　ひらがなは 書きにくい。 히라가나는 쓰기 어렵다.

　　カタカナは 書きやすい。 가타카나는 쓰기 쉽다.

🔍 〜と　~라고 (내용 전달)

여기 쓰인 「〜と」는 앞에 나온 내용을 상대방에게 전달할 때 쓰는 표현으로, い형용사·な형용사·동사 뒤에 연결될 때 이렇게 해석합니다. 참고로, 「〜と」가 '~와/과'의 뜻으로 쓰일 때는 명사 뒤에 연결될 때입니다. 「〜と」 앞에 연결되는 품사의 종류에 따라 해석이 달라지므로 주의하세요.

예　あしたは 寒いと 聞きました。 내일은 춥다고 들었습니다. (뜻 : ~라고)

　　ぼくは 兄と 姉が います。 나는 형과 누나가 있습니다. (뜻 : ~와/과)

word

予約(よやく) 예약
聞(き)く 듣다
書(か)く 쓰다
あした 내일
寒(さむ)い 춥다
ぼく 나 (남자)
兄(あに) 형, 오빠
姉(あね) 언니, 누나
いる (사람, 동물이) 있다

MP3 **2-11**

03

이에 데 고 로 고 로 시 나 가 라 에ー가 오 미 마 스
家で ごろごろしながら 映画を 見ます。
집에서 　　　뒹굴거리면서 　　영화를 볼 것입니다.

반말은 이렇게 말해요! いえ が み
家で ごろごろしながら 映画を 見るよ。
집에서 뒹굴거리면서 영화를 볼 거야.

🔍 동사 ます형 + ～ながら　～하면서 (동시 동작)

동사의 **ます**형 뒤에 연결되는 「**～ながら**」는 어떤 행동이나 동작을 하고 있으면서 동시에 다른 행동이나 동작을 할 때 쓰는 표현입니다. 즉, 두 가지 행동이나 동작을 동시에 하고 있을 때 쓰입니다.

예 見る(보다) + 食べる(먹다)

テレビを 見ながら ごはんを 食べます。 텔레비전을 보면서 밥을 먹습니다.

飲む(마시다) + する(하다)
みず の はなし
水を 飲みながら 話を します。 물을 마시면서 이야기를 합니다.

Tip

「～ながら」는 같은 시간에 두 가지 행동, 동작을 동시에 할 때 쓸 수 있는 표현입니다. 행동, 동작이 한 가지씩 진행되는 경우에는 쓸 수 없습니다.

🔍 미래를 나타내는 ～ます　～할 것입니다. ~하겠습니다

일본어에는 미래 시점을 나타내는 문법 표현이 따로 없습니다. 현재 시점을 나타내는 「～ます (~합니다)」가 미래 시점까지 나타냅니다. 즉, 「～ます」는 현재 시점(~합니다)과 미래 시점(~할 것입니다)의 두 가지 뜻으로 해석됩니다. 「～ます」가 미래 시점의 뜻으로 쓰일 때는 보통 미래를 나타내는 말(내일, 다음 주, 내년 등)과 함께 쓰입니다.

예 来月、日本に 行きます。 다음 달에 일본에 갈 것입니다.
よる でん わ
夜、電話を します。 밤에 전화를 하겠습니다.

word

ごろごろする 뒹굴거리다
映画(えいが) 영화
テレビ 텔레비전
ごはん 밥
水(みず) 물
話(はなし) 이야기
来月(らいげつ) 다음 달
夜(よる) 밤
電話(でんわ) 전화

MP3 **2-11**

04

하 야 꾸　이에니　카에리마　쇼　-

はやく 家に 帰りましょう。
빨리　　집으로　　　돌아갑시다.

> 반말은 이렇게 말해요! **はやく 家に 帰ろう。** 빨리 집으로 돌아가자.

🔊 い형용사의 어간 ＋ 〜く ~하게

い형용사의 어미「い」를 없애고「く」를 붙이면「~하게」라는 뜻의 부사가 됩니다. 물론「〜く」의 형태는 부사이기 때문에 뒤에는 주로 동사가 쓰입니다.

たかい (높다) ⇒ **たかく** (높게)　　**うれしい** (기쁘다) ⇒ **うれしく** (기쁘게)

예　**先生が 遅く 来ました。** 선생님이 늦게 왔습니다.

　　友だちと 楽しく 遊びました。 친구와 즐겁게 놀았습니다.

🔊 동사 ます형 ＋ 〜ましょう ~합시다 (권유·제안)

동사 **ます**형 뒤에 연결되는「**〜ましょう**」는 상대방에게 어떤 행동을 함께 하자고 강하게 권유하거나 제안할 때 쓰는 표현입니다. 영어의 'Let's~'와 같은 의미이지요.

예　**お茶を 飲みましょう。** 차를 마십시다.

　　ラーメンを 食べましょう。 라면을 먹읍시다.

> **Tip**
> 단,「近(ちか)い(가깝다)」의 부사형인「近(ちか)く」는 '가깝게'라는 뜻 외에도, 명사로 쓰이면 '근처, 주변'이라는 가까운 곳을 가리킵니다.

> **word**
> 早(はや)い 빠르다
> 帰(かえ)る 돌아가다
> 遅(おそ)い 늦다
> 友(とも)だち 친구
> 楽(たの)しい 즐겁다
> 遊(あそ)ぶ 놀다
> お茶(ちゃ) 차
> ラーメン 라면

1

아 로 하 리 조 - 또 니 이 끼 따 이 데 스
アロハリゾートに 行きたいです。

아로하 리조트에 가고 싶습니다.

츄- 고꾸 니 이 꾸
① 中国に 行く

아 니 메 오 미 루
② アニメを 見る

케 - 끼 오 쯔꾸 루
③ ケーキを 作る

료 꼬- 오 스 루
④ 旅行を する

> word
>
> 中国(ちゅうごく) 중국 | 行(い)く 가다 | アニメ 애니메이션 | 見(み)る 보다 |
> ケーキ 케이크 | 作(つく)る 만들다 | 旅行(りょこう) 여행 | する 하다

2

아 소 꼬 와 요 야꾸 시 니 꾸 이 또 키 끼 마 시 따 가
あそこは 予約しにくいと 聞きましたが…。

저곳은 예약하기 어렵다고 들었습니다만…….

칸・지 카 꾸
① 漢字 ― 書く

소 노 코 또 하나 스
② その こと ― 話す

키 무 찌 타 베 루
③ キムチ ― 食べる

코 노 쿠루마 운・뗀・스 루
④ この 車 ― 運転する

> word
>
> 漢字(かんじ) 한자 | 書(か)く 쓰다 | その こと 그 일 | 話(はな)す 이야기하다 |
> キムチ 김치 | 食(た)べる 먹다 | 車(くるま) 차, 자동차 | 運転(うんてん)する 운전하다

3

이에 데 고 로 고 로 시 나 가 라 에- 가 오 미 마 스
家で ごろごろしながら 映画を 見ます。

집에서 뒹굴거리면서 영화를 볼 것입니다.

홍・오 요무　코 ─ 히 ─ 오 노무
① 本を 読む ─ コーヒーを 飲む

에 오 미루　고 항・오 타 베루
② 絵を 見る ─ ごはんを 食べる

옹・가꾸 오 키 꾸　벤・꾜- 오 스루
③ 音楽を 聞く ─ 勉強を する

미찌 오 아루 꾸　하나시 오 스루
④ 道を 歩く ─ 話を する

> **word**　本(ほん) 책 | 読(よ)む 읽다 | コーヒー 커피 | 飲(の)む 마시다 | 絵(え) 그림 |
> 見(み)る 보다 | ごはん 밥 | 食(た)べる 먹다 | 音楽(おんがく) 음악 | 聞(き)く 듣다 |
> 勉強(べんきょう) 공부 | 道(みち) 길 | 歩(ある)く 걷다 | 話(はなし) 이야기

4

하 야 꾸 이에니 니 카에 리 마 쇼 ─
はやく 家に 帰りましょう。

빨리 집으로 돌아갑시다.

노 ─ 또　카 꾸
① ノート ─ 書く

혜 야　하이 루
② 部屋 ─ 入る

이 스　스와루
③ いす ─ 座る

덴・샤　노 루
④ 電車 ─ 乗る

> **word**　ノート 노트 | 書(か)く 쓰다 | 部屋(へや) 방 | 入(はい)る 들어가다 | いす 의자 |
> 座(すわ)る 앉다 | 電車(でんしゃ) 전철 | 乗(の)る 타다

▶ MP3 2-16   따라읽기 MP3 2-17

金　라이슈-까라 렝·뀨-데스가　아오끼 상·와 나니오 시마스까
来週から 連休ですが、青木さんは 何を しますか。
①　　②　　③　　④　　⑤

青木　렝·뀨-와 카조꾸또 아로하리조-또니 이끼따이데스
連休は 家族と アロハリゾートに 行きたいです。
⑥　　⑦　　⑧　　⑨

金　아로하리조-또와 요야꾸시니꾸이또 키끼마시따가
アロハリゾートは 予約しにくいと 聞きましたが…。
⑩　　⑪　　⑫

青木　와따시모 소노 코또가 토떼모 심·빠이데스
私も その ことが とても 心配です。
⑬　　⑭　　⑮　　⑯

金　키무 상·와 돈· 나 요떼-데스까　료꼬-데스까
金さんは どんな 予定ですか。旅行ですか。
⑰　　⑱　　⑲　　⑳

金　이 - ·에　와따시와 이에데 고로고로시나가라 에-가오 미마스
いいえ、私は 家で ごろごろしながら 映画を 見ます。
㉑　　㉒　　㉓　　㉔　　㉕　　㉖

신 사꾸에-가오 아사 까라 방 마데 미 따이데스
新作映画を 朝から 晩まで 見たいです。
㉗　　㉘　　㉙　　㉚

青木　아레　이끼나리 이메데스네
あれ？ いきなり 雨ですね。
㉛　　㉜　　㉝

金　타이헹· 하 야 꾸 이에니 카에리 마 쇼 -
大変！ はやく 家に 帰りましょう。
㉞　　㉟　　㊱　　㊲

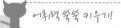
어휘력 쑥쑥 키우기!

来週(らいしゅう) 다음 주

〜から 〜부터

連休(れんきゅう) 연휴

その こと 그 점

とても 매우, 몹시

心配(しんぱい) 걱정

予定(よてい) 예정, 일정

旅行(りょこう) 여행

新作映画(しんさくえいが)
신작 영화

朝(あさ)から 晩(ばん)まで
아침부터 밤까지

あれ？ 어?

いきなり 갑자기

雨(あめ) 비

大変(たいへん)だ 큰일이다

김	다음 주부터 연휴인데요, 아오키 씨는 무엇을 할 겁니까?
	① ② ③ ④ ⑤
아오키	연휴에는 가족과 아로하 리조트에 가고 싶습니다.
	⑥ ⑦ ⑧ ⑨
김	아로하 리조트는 예약하기 어렵다고 들었습니다만…….
	⑩ ⑪ ⑫
아오키	저도 그 점이 매우 걱정입니다.
	⑬ ⑭ ⑮ ⑯
	김 씨는 어떤 일정입니까? 여행입니까?
	⑰ ⑱ ⑲ ⑳
김	아니요, 저는 집에서 뒹굴거리면서 영화를 볼 겁니다.
	㉑ ㉒ ㉓ ㉔ ㉕ ㉖
	신작 영화를 아침부터 밤까지 보고 싶습니다.
	㉗ ㉘ ㉙ ㉚
아오키	어? 갑자기 비가 내리는군요.
	㉛ ㉜ ㉝
김	큰일이네! 빨리 집으로 돌아갑시다.
	㉞ ㉟ ㊱ ㊲

표현 PLUS

★ **～が** ~지만, ~인데

여기 쓰인 「～が」는 문장의 끝부분에 쓰는 표현으로, 앞 문장의 내용과 반대되는 내용을 뒤에 연결할 때 쓰는 접속 조사입니다. 보통 「です」 또는 「ます」 뒤에 연결되어 「～ですが(~입니다만, ~인데요)」, 「～ますが(~합니다만, ~한데요)」의 형태로 쓰입니다. 또한, 회화체에서는 「～けど」를 쓰는 경우가 많습니다.

★ **あれ？** 어?

이 표현은 뭔가 예상하지 않았던 일이 생기거나 그것으로 인해 말하는 이가 깜짝 놀랐거나 당황했을 때 쓰는 감탄사입니다. 또한, 말하는 이가 의아해 하거나 궁금하게 생각되는 것이 있는 상황에서도 쓰이므로 함께 알아두세요.

연습문제 1

01 다음 빈칸에 들어갈 알맞은 말을 [보기] 중에서 골라 써 보세요.

> 보기　行きたい　　帰りましょう　　ごろごろしながら　　予約しにくい

1 家族と アロハリゾートに (　　　　　　　　)です。

2 あそこは (　　　　　　　　)と 聞きました。

3 家で (　　　　　　　　) 映画を 見ます。

4 はやく 家に (　　　　　　　　)。

02 다음 밑줄 친 부분을 문형에 맞게 올바른 활용 형태로 바꾸어 써 보세요.

1 日本に いく。　→ (　　　　　　　　)たい。

2 先生に はなす。　→ (　　　　　　　　)にくい。

3 お菓子を たべる。→ (　　　　　　　　)ましょう。

03 다음 밑줄 친 부분의 우리말 의미에 해당하는 일본어를 써 보세요.

1 家族と 旅行を ＿＿＿＿＿＿＿＿＿。
　　　　　　　　　하고 싶습니다

2 この 車は ＿＿＿＿＿＿＿＿＿と 聞きました。
　　　　　　　운전하기 어렵다

3 ＿＿＿＿＿＿＿ ごろごろしながら ＿＿＿＿＿＿＿ 見ます。
　　　집에서　　　　　　　　　　　　　　　영화를

4 はやく 電車に ＿＿＿＿＿＿＿。
　　　　　　　　　탑시다

문자 01 다음 밑줄 친 부분 중 한자는 히라가나로, 히라가나는 한자로 알맞게 바꾼 것을
①~④ 중에서 골라 보세요.

1 家で ごろごろしながら 映画を 見ます。

　　① えいか　　　　② ええか　　　　③ えいが　　　　④ ええが

2 あそこは よやく しにくいと 聞きましたが…。

　　① 予約　　　　② 要約　　　　③ 子約　　　　④ 予略

문법 02 _____★_____에 들어갈 알맞은 말을 ①~④ 중에서 골라 보세요.

1 漢字_____ _____ _____ _____★_____ 聞きました。

　　① は　　　　　② にくい　　　　③ と　　　　　④ 書き

2 はやく_____ _____ ____★____ _____。

　　① ましょう　　② に　　　　③ 家　　　　④ 帰り

청해 03 잘 듣고, B의 대답으로 알맞은 것을 ①~③ 중에서 골라 보세요.　　MP3 2-18

1 A : 来週から 連休ですが、青木さんは 何を しますか。

　　B : ①　　　　② 　　　　③

2 A : あれ? いきなり 雨ですね。

　　B : ①　　　　② 　　　　③

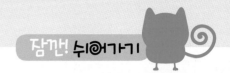

ます형이 연결되는 권유 표현들

상대방에게 어떤 행동이나 동작을 함께 하자고 권하고 싶을 때 쓰는 권유 표현 중에서 ます형이 연결되는 표현이 가장 일반적입니다. 참고로, 상대방으로부터 받은 권유에 대해 대답을 하려고 할 때는 아래와 같은 표현을 쓰는 것이 좋습니다.

〔승낙하는 대답〕　はい、いいですよ。 네, 좋아요.

　　　　　　　　はい、そう しましょう。 네, 그렇게 합시다.

〔거절하는 대답〕　いいえ、それは ちょっと。 아니요, 그것은 좀……(곤란합니다).

　　　　　　　　いいえ、今日は ちょっと。 아니요, 오늘은 좀……(곤란합니다).

~ましょう (~합시다)	상대방에게 말하는 사람의 제안을 강하게 권유할 때 쓰는 표현 예 コーヒーを 飲みましょう。 커피를 마십시다.
~ましょうか (~할까요?)	상대방에게 좀 더 부드럽고 정중하게 권유할 때 쓰는 표현 예 コーヒーを 飲みましょうか。 커피를 마실까요?
~ませんか (~하지 않겠습니까?)	부정형을 써서, 상대방에게 가장 정중하게 권유할 때 쓰는 표현 예 コーヒーを 飲みませんか。 커피를 마시지 않겠습니까?

Tip 아래쪽으로 내려갈수록 상대방 쪽을 더 배려하는 뉘앙스를 가진 표현이 됩니다.

마무리! 확인하기

☐ 家族と アロハリゾートに 　　　　　　　　　。

가족과 아로하 리조트에 가고 싶습니다.

☐ あそこは 　　　　　　　と 聞きました。

저곳은 예약하기 어렵다고 들었습니다.

☐ 家で 　　　　　　　映画を 見ます。 집에서 뒹굴거리면서 영화를 볼 것입니다.

☐ はやく 家に 　　　　　　　。 빨리 집으로 돌아갑시다.

PART 09

へんじ こ ふ あん
返事が 来なくて 不安なんです。

답장이 안 와서 불안하거든요.

학습 목표
- 동사의 ない형 : 1그룹 / 2그룹 / 3그룹 동사
- 동사의 ない형 + ~ないと 思います
- 이유 · 원인 : 동사 ない형 + ~なくて
- 행동의 부정 : 동사 ない형 + ~ないで

01

MP3 2-19

쿄- 와 쥬교-니 코 나 이 또 오모 이 마 시 따 요
今日は 授業に 来ないと 思いましたよ。
오늘은　　수업에　오지 않을 거라고　　생각했어요.

반말은 이렇게 말해요! 今日は 授業に 来ないと 思ったよ。
오늘은 수업에 오지 않을 거라고 생각했어.

동사의 ない형 : ~하지 않는다

동사의 행동이나 동작을 하지 않는다는 '부정'의 의미를 나타내는 표현을 만들려면, 동사의 기본형을 활용 규칙에 따라 바꾼 후에 뒤에 「ない」를 연결하면 됩니다. 동사의 종류에 따라 활용 규칙이 각각 다르므로 동사의 ない형을 만들려면 해당 동사가 어느 그룹의 동사인지를 정확히 파악하고 있어야 합니다.

> **Tip**
>
> 동사의 ない형이란, 활용 규칙에 맞추어 「ない」를 연결했을 때 「ない」를 뺀 바로 앞의 형태를 말합니다. 다른 말로 '부정형'이라고도 합니다.

1그룹 동사의 ない형

1그룹 동사에 「ない」를 연결하려면, 어미를 'あ단'으로 바꾼 후에 「ない」를 붙이면 됩니다.

어미가 る가 아닌 1그룹 동사	어미가 る인 1그룹 동사
▶ あう(会う) ⇒ あわない (만나다) (만나지 않는다)	〈あ단 + る〉 あがる(上がる) ⇒ あがらない (올라가다) (올라가지 않는다)
▶ かく(書く) ⇒ かかない (쓰다) (쓰지 않는다)	
▶ たつ(立つ) ⇒ たたない (일어서다) (일어서지 않는다)	〈う단 + る〉 つくる(作る) ⇒ つくらない (만들다) (만들지 않는다)
▶ あそぶ(遊ぶ) ⇒ あそばない (놀다) (놀지 않는다)	〈お단 + る〉 とる(取る) ⇒ とらない (잡다) (잡지 않는다)
▶ よむ(読む) ⇒ よまない (읽다) (읽지 않는다)	

> **Tip**
>
> 동사의 어미가 「~う」인 경우는 반드시 어미를 「あ」가 아닌 「わ」로 바꾼 후에 「ない」를 연결해야 합니다.

> **word**
>
> **今日(きょう)** 오늘
> **授業(じゅぎょう)** 수업

🔍 2그룹 동사의 ない형

2그룹 동사에 **ない**를 연결하려면, 어미 **る**를 없애고 바로 뒤에 **ない**를 붙이면 됩니다.

Tip

2그룹 동사의 ない형은 어미 「る」를 뺀 어간 부분을 가리킵니다.

어미 「る」 앞이 い단인 2그룹 동사	어미 「る」 앞이 え단인 2그룹 동사
▶ <u>み</u>る(見る)　⇒ <u>み</u>ない 　(보다)　　　　　(보지 않는다)	▶ <u>たべ</u>る(食べる) ⇒ <u>たべ</u>ない 　(먹다)　　　　　　(먹지 않는다)
▶ <u>き</u>る(着る)　⇒ <u>き</u>ない 　(입다)　　　　　(입지 않는다)	▶ <u>ね</u>る(寝る)　⇒ <u>ね</u>ない 　(자다)　　　　　(자지 않는다)
▶ <u>おち</u>る(落ちる) ⇒ <u>おち</u>ない 　(떨어지다)　　　　(떨어지지 않는다)	▶ <u>あげ</u>る(上げる) ⇒ <u>あげ</u>ない 　(올리다)　　　　　(올리지 않는다)

🔍 3그룹 동사의 ない형

3그룹 동사인 「**する**」(하다)와 「**くる**」(오다)는 다른 동사와는 다르게 활용 규칙이 적용되지 않는 불규칙동사이므로, 기본형에 「**ない**」를 연결한 형태를 있는 그대로 외워야 합니다.

Tip

「くる(来る)」의 ない형을 「きない」로 잘못 읽지 않도록 주의하세요.

する	くる
▶ **する** ⇒ <u>し</u>ない 　(하다)　(하지 않는다)	▶ **くる**(来る) ⇒ <u>こ</u>ない 　(오다)　　　(오지 않는다)

🔍 동사 ない형 + ないと 思^{おも}います ~하지 않는다고/않을 거라고 생각합니다

이 표현은 말하는 사람이 앞에 연결되는 동사의 행동이나 동작을 하지 않거나 하지 않을 거라고 생각할 때 씁니다. 여기서 **ない**형은 동사의 현재형과 함께 미래형의 뜻도 가지고 있다는 것을 알아두세요.

예　彼^{かれ}は あまり 運動^{うんどう}を しないと 思^{おも}います。

그는 별로 운동을 하지 않는다고/않을 거라고 생각합니다.

週末^{しゅうまつ}は 家^{いえ}に いないと 思^{おも}います。

주말에는 집에 있지 않다고/없을 거라고 생각합니다.

word

彼(かれ) 그, 그 사람

あまり 별로

運動(うんどう) 운동

週末(しゅうまつ) 주말

MP3 2-19

02

헨·지가 코 나 꾸 떼 즛·또 후안·난·데 스
返事が 来なくて ずっと 不安なんです。

답장이 　오지 않아서 　계속 　불안하거든요.

반말은 이렇게 말해요! 　返事が 来なくて ずっと 不安なんだ。
답장이 오지 않아서 계속 불안하거든.

🔍 동사 ない형 ＋〜なくて　~하지 않아서 (행동의 이유/원인)

이 표현은 「〜ない」의 어미 い를 문장 연결형인 「くて」로 바꾼 형태인데, 해석은 '~하고, ~해서가 아니라 이유나 원인을 나타내는 '~하지 않아서'라고 해야 합니다. 또한 「〜なくて」 뒤에는 보통 말하는 사람의 감정을 나타내는 말이나 평가를 뜻하는 말이 연결됩니다.

예 　彼女から 返事が 来なくて 不安です。
그녀로부터 답장이 오지 않아서 불안합니다.

雷が 鳴らなくて、ほっとしました。
천둥이 치지 않아서 안심했습니다.

🔍 〜んです　~하거든요

「〜んです」는 자신의 생각이나 주장을 강조하거나 이유나 설명 등을 말하는 회화체로, '~하거든요, ~한 것입니다'라는 의미를 가집니다. 명사나 な형용사의 어간에는 「なんです」로, い형용사, 동사에는 「〜んです」의 형태로 연결됩니다.

예 　この コーヒーは とても 熱いんです。
이 커피는 매우 뜨겁거든요.

いつも テレビを 見ながら ごはんを 食べるんです。
항상 텔레비전을 보면서 밥을 먹거든요.

Tip

「〜なくて」는 동사의 문장 연결형인 「〜て(〜하고, 〜해서)」의 부정 표현이 아닙니다. 동사 「〜て」의 부정 표현은 「〜ないで(〜하지 않고)」이므로 잘못 쓰지 않도록 주의하세요.

word

返事(へんじ) 답장, 답변
ずっと 쭉, 계속
不安(ふあん)だ 불안하다
彼女(かのじょ) 그녀
雷(かみなり)が 鳴(な)る 천둥이 치다
ほっとする 안심하다

03

콩·야 모 네 나 이 데 마 츤· 데 스 까
今夜も 寝ないで 待つんですか。
오늘 밤도   자지 않고   기다릴 거예요?

반말은 이렇게 말해요! 今夜も 寝ないで 待つの？
오늘 밤도 자지 않고 기다릴 거야?

🔍 동사 ない형 ＋ ～ないで ~하지 않고 (행동의 부정)

동사 **ない**형 뒤에 연결되는 「**～ないで**」는 문장 연결형의 부정 표현입니다. 즉, 어떤 행동이나 동작을 하지 않는다는 뜻입니다. 특히, 문장 연결형이지만 「**～ない**」 뒤에 「**で**」만 붙인 독특한 형태이므로 틀리지 않도록 주의하세요.

> 예 かばんを 持たないで 学校に 行きました。
> 가방을 들지 않고 학교에 갔습니다.
>
> 水を 飲まないで 走りました。 물을 마시지 않고 달렸습니다.

Tip

문장 연결형인 「～なくて」는 이유나 원인을 나타내는 '~하지 않아서'라는 뜻입니다.

🔍 今夜 오늘 밤

'어젯밤, 오늘 아침' 등과 같이 특정한 시간대를 가리키는 표현들이 있습니다. 이 표현들은 한자의 쓰임이나 그 한자의 읽는 법이 정해져 있으므로 정확하게 알아두세요.

어젯밤	어제 저녁	오늘 아침	오늘 밤
昨夜(さくや)	夕(ゆう)べ	今朝(けさ)	今夜(こんや)
저녁때	**한밤중**	**새벽**	**낮**
夕方(ゆうがた)	夜中(よなか)	夜明(よあ)け	昼間(ひるま)

> 예 今夜、電話を します。 오늘 밤에 전화를 하겠습니다.
> 夕べ、デートに 行きました。 어제 저녁, 데이트하러 갔습니다.

Tip

때를 나타내는 표현은 뒤에 조사를 쓰지 않고 단독으로 쓰입니다.

word

かばん 가방
持(も)つ 들다, 가지다
水(みず) 물
走(はし)る 달리다
電話(でんわ) 전화
デート 데이트
～に 行(い)く
~하러 가다

1

와따시와 사까나오 타 베 나 이
私は 魚を 食べない。
わたし さかな た

나는 생선을 먹지 않는다.

도 라 마　미 루
① ドラマ ― 見る
み

스 까 ― 또　하 꾸
② スカート ― はく

쿠루마　카 우
③ 車 ― 買う
くるま か

보 시　카 부루
④ 帽子 ― かぶる
ぼうし

word | **ドラマ** 드라마 | **スカート** 스커트, 치마 | **はく** (하의를) 입다 | **車(くるま)** 차 |
買(か)う 사다 | **帽子(ぼうし)** 모자 | **かぶる** (뒤집어) 쓰다

2

쥬 교 니　코 나 이 또 오모 이 마 시 따 요
授業に 来ないと 思いましたよ。
じゅぎょう こ おも

수업에 오지 않을 기라고 생각했어요.

사 시 미 오 타 베 루
① さしみを 食べる
た

보 ― 루 뻰 · 오 츠까 우
② ボールペンを 使う
つか

레 뽀 ― 또 오 다 스
③ レポートを 出す
だ

약 · 쏘꾸 오 마모 루
④ 約束を 守る
やくそく まも

word | **さしみ** 생선회 | **ボールペン** 볼펜 | **使(つか)う** 쓰다 | **レポート** 리포트 |
出(だ)す 내다, 제출하다 | **約束(やくそく)** 약속 | **守(まも)る** 지키다

3

헨・지 가 코 나 꾸 떼   즛・또 후안・난・데 스
へん　じ　　こ　　　　　　　　　　　　　　　ふ　あん
返事が 来なくて、ずっと 不安なんです。

답장이 오지 않아서 계속 불안합니다.

후따리 가 렉・꼰・스 루   토 떼 모 잔・넨・다
ふたり　　　けっこん　　　　　　　　　　　　ざんねん
① 二人が 結婚する ― とても 残念だ

카레 가 쿠 루   촛・ 또 심・빠이 다
かれ　　く　　　　　　　　　　しんぱい
② 彼が 来る ― ちょっと 心配だ

시 고또 가 오 와 루   촛・ 또 타이헨・다
し　ごと　　お　　　　　　　　　　　　たいへん
③ 仕事が 終わる ― ちょっと 大変だ

케쯔아쯔 가 사 가 루   혼・또 니 심・빠이 다
けつあつ　　さ　　　　　　ほんとう　　しんぱい
④ 血圧が 下がる ― 本当に 心配だ

word
結婚(けっこん)する 결혼하다 | 残念(ざんねん)だ 아쉽다 | 彼(かれ) ユ | ちょっと 좀 |
心配(しんぱい)だ 걱정이다 | 仕事(しごと)が 終(お)わる 일이 끝나다 | 大変(たいへん)だ 힘들다 |
血圧(けつあつ)が 下(さ)がる 혈압이 내려가다 | 本当(ほんとう)に 정말

4

네 나 이 데 마 츤・데 스 까
ね　　　　　　ま
寝ないで 待つんですか。

자지 않고 기다릴 거예요?

쿠스리오 노 무   네 루
くすり　　の　　　　　ね
① 薬を 飲む ― 寝る

슈꾸 다이 오 스 루   아소 부
しゅくだい　　　　　　　あそ
② 宿題を する ― 遊ぶ

싱・고-오 미 루   운・뗀・스 루
しんごう　　み　　　　　うんてん
③ 信号を 見る ― 運転する

이에니 카에루   소 노 마 마 슛・샤 스 루
いえ　　かえ　　　　　　　　　　しゅっしゃ
④ 家に 帰る ― そのまま 出社する

word
薬(くすり)を 飲(の)む 약을 먹다 | 寝(ね)る 자다 | 宿題(しゅくだい) 숙제 |
遊(あそ)ぶ 놀다 | 信号(しんごう) 신호 | 運転(うんてん)する 운전하다 |
帰(かえ)る 돌아가(오)다, 귀가하다 | そのまま 그대로 | 出社(しゅっしゃ)する 출근하다

▶ MP3 2-24　따라읽기 MP3 2-25

李
사토- 상・　아사네보-데스 까
左藤さん、朝寝坊ですか。
① ②

쿄- 와 모- 쥬교-니 코나이또 오모이마시따요
今日は もう 授業に 来ないと 思いましたよ。
③ ④ ⑤ ⑥ ⑦

左藤
에- 키노- 요루오소 깟・딴・데스
ええ、昨日 夜遅かったんです。
⑧ ⑨ ⑩

李
잇・따이 도-시 딴・데스 까　메 가 아까 이데 스 요
一体 どうしたんですか。目が 赤いですよ。
⑪ ⑫ ⑬ ⑭

左藤
카따오모 이 노　온・나노 꼬까라　데-또 노 헨・지 가 나까나까 코 나꾸 떼
片思いの 女の子から デートの 返事が なかなか 来なくて、
⑮ ⑯ ⑰ ⑱ ⑲ ⑳

즛・ 또 후안・ 난・ 데스
ずっと 不安なんです。
㉑ ㉒

李
자　콩・야모 네나이데 마 츠・데스 까
じゃ、今夜も 寝ないで 待つんですか。
㉓ ㉔ ㉕ ㉖

左藤
하 이 케- 따이까라 메 가 하나세 나꾸 떼
はい。ケータイから 目が 離せなくて…。
㉗ ㉘ ㉙ ㉚

李
얍・ 빠리 코이 와 모-모꾸 데스 네
やっぱり 恋は 盲目ですね。
㉛ ㉜ ㉝

朝寝坊(あさねぼう) 늦잠을 잠	**目(め)が 赤(あか)い** 눈이 빨갛다	**ケータイ** 휴대전화
もう 이제	**片思(かたおも)い** 짝사랑	**目(め)を 離(はな)す** 눈을 떼다
ええ 네	**デート** 데이트	**やっぱり** 역시
夜遅(よるおそ)い 밤늦다	**なかなか** 좀처럼	**恋(こい)は 盲目(もうもく)**
一体(いったい) 도대체	**じゃ** 그럼	사랑은 맹목적인 것, Love is blind

이	사토 씨, 늦잠 잔 거예요?
	① ②
	오늘은 이제 수업에 오지 않을 거라고 생각했어요.
	③ ④ ⑤ ⑥ ⑦
사토	네, 어제 밤늦게까지 있었어요.
	⑧ ⑨ ⑩
이	도대체 무슨 일이에요? 눈이 빨개요.
	⑪ ⑫ ⑬ ⑭
사토	짝사랑하는 여자로부터 데이트에 대한 답장이 좀처럼 오지 않아서
	⑮ ⑯ ⑰ ⑱ ⑲ ⑳
	계속 불안하거든요.
	㉑ ㉒
이	그럼, 오늘 밤도 자지 않고 기다릴 거예요?
	㉓ ㉔ ㉕ ㉖
사토	네. 휴대전화에서 눈을 뗄 수가 없어서…….
	㉗ ㉘ ㉙ ㉚
이	역시 사랑은 맹목적이군요.
	㉛ ㉜ ㉝

표현 PLUS

★ ええ 네

이 표현은 긍정의 대답 표현인데, 「はい(예)」보다는 덜 정중한 뉘앙스의 대답 표현이라서 주로 회화에서 많이 씁니다. 존댓말이기는 하지만 말하는 사람과 친분이 있는 손윗사람(학교 선생님, 선배 등)에게 주로 씁니다. 참고로 반말은 「うん(응)」이라고 합니다.

★ 一体 도대체

이 표현은 얼핏 한자어 명사처럼 보일 수 있지만 '도대체'라는 뜻의 부사입니다. 같은 의미의 표현으로 「一体全体」라고도 하므로 함께 알아두세요.

★ 恋は 盲目 사랑은 맹목

여기 쓰인 한자어 명사 「盲目(맹목)」는 '먼 눈, 사리판단이 어려운 눈'을 뜻합니다. 우리말로 의역하면 '콩깍지'로 표현할 수도 있습니다.

연습문제 1

01 다음 빈칸에 들어갈 알맞은 말을 〔보기〕 중에서 골라 써 보세요.

> 보기   来_こなくて   寝_ねないで   来_こない

1 もう 授業_{じゅぎょう}に (　　　　　　　　　)と 思_{おも}いましたよ。

2 返事_{へんじ}が なかなか (　　　　　　　　　) ずっと 不安_{ふあん}なんです。

3 今夜_{こんや}も (　　　　　　　　) 待_まつんですか。

02 다음 밑줄 친 동사의 기본형을 「～ない」의 형태로 바꾸어 써 보세요.

1 授業_{じゅぎょう}が おわる　➡ (　　　　　　　　　)

2 かばんを もつ　　➡ (　　　　　　　　　　)

3 はやく おきる　➡ (　　　　　　　　　)

4 学校_{がっこう}に くる　➡ (　　　　　　　　　)

03 다음 밑줄 친 부분의 우리말 의미에 해당하는 일본어를 써 보세요.

1 ＿＿＿＿＿ 授業_{じゅぎょう}に 来_こないと 思_{おも}いましたよ。
　　　이제

2 仕事_{しごと}が ＿＿＿＿＿ 終_おわらなくて ちょっと 大変_{たいへん}です。
　　　　　좀처럼

3 宿題_{しゅくだい}を しないで ＿＿＿＿＿＿。
　　　　　　　　잘 거예요?

문자 **01** 다음 밑줄 친 부분 중 한자는 히라가나로, 히라가나는 한자로 알맞게 바꾼 것을
①～④ 중에서 골라 보세요.

1 もう <u>授業</u>に 来ないと 思いましたよ。

① じゅぎょう　② しゅぎょう　③ じゅうぎょう　④ しゅうぎょう

2 <u>へんじ</u>が 来なくて、ずっと 不安なんです。

① 返字　　　② 便字　　　③ 返事　　　④ 変事

문법 **02** ＿＿＿＿＿★＿＿＿＿에 들어갈 알맞은 말을 ①～④ 중에서 골라 보세요.

1 薬＿＿＿＿＿ ＿＿＿＿＿ ＿＿★＿＿ ＿＿＿＿＿か。

① 飲まないで　② 寝る　　　③ んです　　　④ を

2 デートの ＿＿＿＿＿ ＿＿★＿＿ ＿＿＿＿＿ ＿＿＿＿＿んです。

① なかなか　② 返事が　　③ 不安な　　　④ 来なくて

청해 **03** 잘 듣고, B의 대답으로 알맞은 것을 ①～③ 중에서 골라 보세요. 🔘 MP3 2-26

1 A : 李さん、朝寝坊ですか。

B : ①　　　②　　　③

2 A : 今夜も 寝ないで 待つんですか。

B : ①　　　②　　　③

항상 부정 표현인 「~ない」와 함께 쓰이는 부사들

일본어의 부사 중에는 항상 뒤에 부정 표현인 「~ない」와 함께 쓰는 부사가 있습니다. 즉, 항상 부정문에서만 쓰이는 부사가 있는 것이지요. 이러한 부사는 숙어처럼 「~ない」와 함께 한 덩어리로 외워 두는 것이 좋습니다. 다음은 꼭 알아두어야 할 〈「~ない」와 함께 쓰이는 부사〉입니다.

あまり ～ない 그다지/별로 ～하지 않는다	コーヒーは あまり 飲まない。 커피는 별로 마시지 않는다.
なかなか ～ない 좀처럼 ～하지 않는다	バスが なかなか 来ない。 버스가 좀처럼 오지 않는다.
ほとんど ～ない 거의 ～하지 않는다	テレビは ほとんど 見ない。 텔레비전은 거의 보지 않는다.
ぜんぜん ～ない 전혀 ～하지 않는다	運動は ぜんぜん しない。 운동은 전혀 하지 않는다.
けっして ～ない 결코 ～하지 않는다	私は けっして 話さない。 나는 결코 이야기하지 않는다.
ぜったい(に) ～ない 절대로 ～하지 않는다	彼は ぜったいに 来ない。 그는 절대로 오지 않는다.

Tip 「なかなか」가 긍정문에서 쓰일 때는 '상당히, 꽤'의 뜻으로 쓰입니다.

마무리! 확인하기

☐ 今日は 授業に ⬚⬚⬚⬚⬚⬚。 오늘은 수업에 오지 않을 거라고 생각했어요.

☐ 返事が ⬚⬚⬚ ずっと 不安なんです。

답장이 오지 않아서 계속 불안하거든요.

☐ 今夜も ⬚⬚⬚ 待つんですか。 오늘 밤도 자지 않고 기다릴 거예요?

あまり 無理^{むり}しないで ください。

너무 무리하지 말아 주세요.

학습 목표
- 날짜 표현 : 월(月)/일(日) 읽기
- 의무 : 동사 ない형+〜なければ なりません
- 불필요 : 동사 ない형+〜なくても いいです
- 금지 : 동사 ない형+〜ないで ください

MP3 **2-27**

01

이 쯔 마 데 니 다 사 나 께 레 바 나 리 마 셍・ 까
いつまでに 出^ださなければ なりませんか。

언제까지　　　　　내지 않으면　　　　　안 됩니까?

반말은 이렇게 말해요! いつまでに 出^ださなきゃ ならないの?　언제까지 내지 않으면 안 돼?

🔍 동사 **ない형** + **～なければ なりません**　～하지 않으면 안 됩니다,
　　　　　　　　　　　　　　　　　　　　　　　　　～해야(만) 합니다

동사 **ない**형 뒤에 연결되는 「**～なければ なりません**」은 상대방에게 어떤 행동을 반드시 해
야만 한다는 의무사항을 말하고자 할 때 쓰는 표현입니다. 일본어 표현은 '～하지 않으면 안 됩
니다'라는 이중부정의 형태이지만 우리말로 해석할 때는 '～해야(만) 합니다'라고 의역하는 것
이 자연스럽습니다. 특히, 같은 뜻으로 쓰이는 표현으로 「**～なくては いけません**」이 있는데,
이 두 가지 표현은 「**～なければ いけません**」의 형태나 「**～なくては なりません**」의 형태와
같이 서로 바꿔서 쓸 수 있으므로 잘 기억해 두세요.

예　パーティーに 行^いかなければ なりません。

(= 行^いかなくては いけません)

파티에 가지 않으면 안 됩니다/가야만 합니다.

ごはんを 食^たべなければ なりません。

(= 食^たべなくては いけません)

밥을 먹지 않으면 안 됩니다/먹어야만 합니다.

勉強^{べんきょう}を しなければ なりません。

(= しなくては いけません)

공부를 하지 않으면 안 됩니다/해야만 합니다.

Tip

회화에서는 「～なければ」
를 「～なきゃ」, 「～なくて
は」를 「～なくちゃ」로 줄
여서 씁니다.

word

いつ 언제

～までに ～까지

出^だす 내다, 제출하다

パーティー 파티

ごはん 밥

勉強^{べんきょう} 공부

02

시 메 끼 리 와　타시 까　쿠 가쯔　토ー 까 데 스
しめきりは 確か 9月 10日です。
<small>たし</small>　<small>くがつ</small>　<small>とお</small><small>か</small>

마감일은　아마도　9월 10일입니다.

🐱 반말은 이렇게 말해요!　しめきりは 確か 9月 10日だよ。 마감일은 아마도 9월 10일이야.

🔍 날짜 표현(1) : 월(月) 읽기

'1월, 2월……'과 같은 '~월'은 한자 「月」을 「**がつ**」로 읽습니다. 「月」 앞에 어떤 숫자가 오더라도 한자의 읽는 방법은 바뀌지 않습니다. 단, '4월, 7월, 9월'은 숫자의 읽는 방법이 달라지므로 틀리지 않도록 잘 기억해 두세요.

1월 いちがつ	2월 にがつ	3월 さんがつ	4월 しがつ	5월 ごがつ	6월 ろくがつ
7월 しちがつ	8월 はちがつ	9월 くがつ	10월 じゅうがつ	11월 じゅういちがつ	12월 じゅうにがつ

Tip

'몇 월입니까?'는 「何月 (なんがつ)ですか」라고 합니다.

🔍 날짜 표현 (2) : 일(日) 읽기

'1일, 2일……'과 같은 '~일'은 한자 「日」을 「**にち**」로 읽는 것이 기본적인 읽는 방법인데, 예외적으로 '1일, 초하루'는 「**ついたち**」라고 읽고, '2일 ~ 10일'은 「日」을 「**か**」로 읽어야 합니다. '1일 ~ 10일'의 읽는 법은 틀리기 쉬우므로 정확히 외워 두세요. 10일 이후의 날짜 읽는 법은 〈잠깐! 쉬어가기〉에서 자세히 설명되어 있습니다.

1일 ついたち	2일 ふつか	3일 みっか	4일 よっか	5일 いつか
6일 むいか	7일 なのか	8일 ようか	9일 ここのか	10일 とおか

Tip

'며칠입니까?'는 「何日 (なんにち)ですか」라고 합니다.

word

しめきり 마감, 마감일
確(たし)か 아마도

MP3 2-27

03

손• 나니 아와떼나꾸떼모 이 - 데스요
そんなに 慌てなくても いいですよ。
그렇게 　　　　당황하지 않아도 　　　돼요.

반말은 이렇게 말해요! そんなに 慌てなくても いいよ。 그렇게 당황하지 않아도 돼!

🔍 そんなに 그렇게

이 표현은 뒤에 오는 형용사나 동사의 의미를 강조할 때 쓰는 부사로, 주로 회화에서 쓰입니다. 예를 들어「そんなに」는「そのように」의 회화체 표현이지요. 지시대명사「こ・そ・あ・ど」의 용법으로 함께 알아두세요.

こ	そ	あ	ど
こんなに(このように)	そんなに(そのように)	あんなに(あのように)	どんなに(どのように)
이렇게	그렇게	저렇게	어떻게

🔍 동사 ない형 + ～なくても いいです ～하지 않아도 됩니다

동사 **ない**형 뒤에 연결되는「～なくても いいです」는 상대방에게 어떤 행동을 하지 않아도 좋다는 불필요의 뜻을 나타낼 때 쓰는 표현입니다. 원래「いいです」는 '좋습니다'의 뜻인데, 여기에서는 '됩니다, 괜찮습니다'의 뜻으로 해석됩니다.

예 　名前は 書かなくても いいです。
이름은 쓰지 않아도 됩니다.

　　彼は 待たなくても いいです。
그는 기다리지 않아도 됩니다.

　　公園に 来なくても いいです。
공원에 오지 않아도 괜찮습니다.

word

そんなに 그렇게
慌(あわ)てる
당황하다, 허둥대다
名前(なまえ) 이름
待(ま)つ 기다리다
公園(こうえん) 공원

154

04

마 다 지깡·가 아루까라 　　무리시나이데 쿠다사이
まだ 時間が あるから、無理しないで ください。
　아직　시간이　있으니까,　무리하지 말아　주세요.

반말은 이렇게 말해요! まだ 時間 あるから、無理しないで。
아직 시간 있으니까, 무리하지 마!

～から 　～니까, ～므로 (이유, 원인)

「～から」는 앞에 오는 말에 대한 이유나 원인을 나타낼 때 쓰는 표현입니다. 「から」앞에는 동사, い・な형용사, 명사가 연결될 수 있는 전천후 표현이지요. 단, 명사와 **な**형용사가 앞에 연결될 때는 「～だから」의 형태로 연결되므로 주의하세요.

예 　猫は かわいいから、好きです。 고양이는 귀여우니까 좋아합니다.

あそこは 安全だから、大丈夫です。 저곳은 안전하니까 괜찮습니다.

동사 ない형 + ～ないで ください　～하지 말아 주세요, ～하지 마세요

동사 **ない**형 뒤에 연결되는 「～ないで ください」는 상대방에게 어떤 행동을 하지 말아 달라고 행동의 금지를 부탁할 때 쓰는 표현입니다. 특히 「ください」로 끝나는 표현은 가벼운 명령의 뉘앙스를 가진 표현이므로 손윗사람에게는 쓰지 않는 것이 좋습니다. 좀 더 정중하게 말하려면 「ください」뒤에 「ますか」+「ませんか」를 붙여서 「～くださいますか(～해 주겠습니까?)・～くださいませんか(～해 주지 않겠습니까?)의 형태로 쓰면 됩니다.

예 　お酒を 飲まないで ください。 술을 마시지 말아 주세요(마세요).

テレビを 見ないで ください。 텔레비전을 보지 말아 주세요(마세요).

けんかは しないで ください。 싸움은 하지 말아 주세요(마세요).

word

まだ 아직
時間(じかん) 시간
無理(むり)する
무리하다
猫(ねこ) 고양이
かわいい 귀엽다
安全(あんぜん)だ
안전하다
大丈夫(だいじょうぶ)だ
괜찮다
お酒(さけ) 술
けんか 싸움

1

이 쯔 마 데 니　다 사 나 께 레 바　나 리 마 셍・ 까
いつまでに 出_ださなければ なりませんか。

언제까지 내지 않으면 안 됩니까?

아 시 따　뎅・ 와 오 카 께 루
① 明日 電話を かける

마 이 니 찌　도 라 마 오 미 루
② 毎日 ドラマを 見る

에 끼 마 데 니 모 쯔 오　모 쯔
③ 駅まで 荷物を 持つ

슈 – 마 쯔　메 – 루 오　오 꾸 루
④ 週末 メールを 送る

word 　明日(あした) 내일 ｜ 電話(でんわ) 전화 ｜ かける 걸다 ｜ 毎日(まいにち) 매일 ｜
　ドラマ 드라마 ｜ 駅(えき) 역 ｜ 荷物(にもつ) 짐 ｜ 持(も)つ 들다, 가지다 ｜
　週末(しゅうまつ) 주말 ｜ メール 메일 ｜ 送(おく)る 보내다

2

시 메 끼 리 와　타 시 까　쿠 가 쯔　토 – 까 데 스
しめきりは 確_{たし}か 9月 10日_{くがつ とおか}です。

마감일은 아마도 9월 10일입니다.

카 이 기　　쿠 가 쯔 츠 이 따 찌
① 会議 ― 9月 1日

합・뽀 –　시 찌 가 쯔 욕・ 까
② 発表 ― 7月 4日

탄・죠 – 비　시 가 쯔 요 – 까
③ 誕生日 ― 4月 8日

멘・세 쯔　쥬 – 가 쯔 믹・까
④ 面接 ― 10月 3日

word 　会議(かいぎ) 회의 ｜ 発表(はっぴょう) 발표 ｜ 誕生日(たんじょうび) 생일 ｜
　面接(めんせつ) 면접

3

손・ 나 니 아와떼나꾸떼모 이 - 데 스 요
そんなに 慌てなくても いいですよ。

그렇게 당황하지 않아도 돼요.

료- 리 오 츠꾸 루
① 料理を 作る

고 미 오 스 떼 루
② ごみを 捨てる

쿄- 다 스
③ 今日 出す

깅・꼬- 니 이 꾸
④ 銀行に 行く

> word 　**料理(りょうり)** 요리 | **作(つく)る** 만들다 | **ごみ** 쓰레기 | **捨(す)てる** 버리다 |
> 　**今日(きょう)** 오늘 | **出(だ)す** 내다, 제출하다 | **銀行(ぎんこう)** 은행

4

마 다 지깡・가 아 루 까 라　무 리 시나이데 쿠 다 사 이
まだ 時間が あるから、 無理しないで ください。

아직 시간이 있으니까, 무리하지 말아 주세요.

탁・ 상・ 아 루　 카 우
① たくさん ある — 買う

아 또데 타베루　스 떼 루
② あとで 食べる — 捨てる

모 - 오소이　 데 까께루
③ もう 遅い — 出かける

다레모 이 나 이　쿠 루
④ 誰も いない — 来る

> word 　**たくさん** 많이 | **買(か)う** 사다 | **あとで** 나중에 | **捨(す)てる** 버리다 |
> 　**もう** 이미, 벌써 | **遅(おそ)い** 늦다 | **出(で)かける** 나가다, 외출하다 |
> 　**誰(だれ)も** 아무도 | **いない** (사람, 동물 등이) 없다

▶ MP3 2-32 　따라읽기 MP3 2-33

朴
나까무라 상・　　시 료-　삭・세-와　모-　오와리마시따 까
中村さん、資料の作成は もう 終わりましたか。
① ② ③ ④ ⑤

中村
이-에　마다데스　사이낑・　시 고또 가　오-꾸 떼
いいえ、まだです。最近、仕事が 多くて…。
⑥ ⑦ ⑧ ⑨ ⑩

朴
엣・　혼・또-데스 까　라이슈-　테-슈쯔데 스 요
えっ、本当ですか。来週 提出ですよ。
⑪ ⑫ ⑬ ⑭

中村
이 쯔마데니　다사나께레바　나리마 셍・ 까
いつまでに 出さなければ なりませんか。
⑮ ⑯ ⑰

朴
시 메 끼 리 와　타시 까　쿠가쯔 토오 까 데 스
しめきりは 確か 9月 10日です。
⑱ ⑲ ⑳

中村
쿠가쯔 토오 까　아 또　이쯔까시 까　나이　아- 도- 시요-
9月 10日? あと 5日しか ない! ああ、どう しよう。
㉑ ㉒ ㉓ ㉔ ㉕ ㉖ ㉗

朴
손・　나니　아와떼나꾸떼모　이-데스 요
そんなに 慌てなくても いいですよ。
㉘ ㉙ ㉚

마 다　지 깡・가　아루까라　아마리　무리시나이데　쿠다사이
まだ 時間が あるから、あまり 無理しないで ください。
㉛ ㉜ ㉝ ㉞ ㉟ ㊱

어휘력 쑥쑥 키우기!

資料(しりょう) 자료	最近(さいきん) 최근, 요즘	あと 앞으로
作成(さくせい) 작성	仕事(しごと) 일	～しか ~밖에
もう 이미, 벌써	多(おお)い 많다	ああ 아~
終(お)わる 끝나다	来週(らいしゅう) 다음 주	どう しよう 어떻게 하지?/할까?
まだ 아직	提出(ていしゅつ) 제출	慌(あわ)てる 당황하다

박	나카무라 씨, 자료 작성은 이미 끝났습니까?
	① ② ③ ④ ⑤
나카무라	아니요. 아직입니다. 요즘 일이 많아서…….
	⑥ ⑦ ⑧ ⑨ ⑩
박	엣? 정말입니까? 다음 주 제출이에요.
	⑪ ⑫ ⑬ ⑭
나카무라	언제까지 내지 않으면 안 됩니까?
	⑮ ⑯ ⑰
박	마감일은 아마도 9월 10일입니다.
	⑱ ⑲ ⑳
나카무라	9월 10일? 앞으로 5일밖에 없네~! 아~, 어떻게 하지.
	㉑ ㉒ ㉓ ㉔ ㉕ ㉖ ㉗
박	그렇게 당황하지 않아도 돼요.
	㉘ ㉙ ㉚
	아직 시간이 있으니까, 너무 무리하지 말아 주세요.
	㉛ ㉜ ㉝ ㉞ ㉟ ㊱

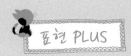

표현 PLUS

★ もう 이미, 벌써

이 표현은 어떤 상황이나 행동이 완료되었음을 부가 설명해 주는 부사로, 뒤에 동사가 오는 경우는 동사의 과거형인 경우가 많습니다. 또한, 「もう」에는 '이제'라는 뜻도 있어서, 「もう いいです (이제 됐습니다/괜찮습니다)」와 같이 쓰입니다.

★ ～しか ~밖에

앞에 명사나 대명사가 연결되어 그것 외에 다른 것은 해당되지 않음을 한정적으로 나타내는 표현입니다. 그리고 「～しか」 뒤에는 항상 부정표현이 함께 쓰입니다. 「～しか ない (~밖에 없다)」의 형태로 쓸 경우는 앞에 동사의 기본형이 연결됩니다.

★ どう しよう 어떻게 하지?

이 표현은 주로 회화에서 쓰는 표현인데, 말하는 사람이 누군가를 향해 하는 말이기보다는 주로 혼잣말로 중얼거리는 경우에 많이 씁니다. 보통 말하는 사람이 난처한 상황에서 자신이 어떻게 해야 할지 잘 모를 때 자주 쓰는 표현입니다.

연습문제 **1**

01 다음 빈칸에 들어갈 알맞은 말을 〔보기〕 중에서 골라 써 보세요.

보기 | 慌^{あわ}てなくても　　無理^{むり}しないで　　出^ださなければ

1 いつまでに（　　　　　　　　　）なりませんか。

2 そんなに（　　　　　　　　）いいですよ。

3 まだ 時間^{じかん}が あるから、あまり（　　　　　　　　　）ください。

02 다음 밑줄 친 동사의 기본형을 ない형을 이용하여 의미에 맞도록 바꾸어 써 보세요.

1 駅^{えき}まで あるく → （　　　　　　　　）なりません。 걷지 않으면 안 됩니다.

2 服^{ふく}を かう → （　　　　　　　　）ください。 사지 말아 주세요.

3 ごみを すてる → （　　　　　　　　）いいです。 버리지 않아도 됩니다.

03 다음 밑줄 친 부분의 우리말 의미에 해당하는 일본어를 써 보세요.

1 毎日^{まいにち} ドラマを ＿＿＿＿＿＿ なりませんか。
　　　　　　　　　보지 않으면

2 ＿＿＿＿＿＿ 慌^{あわ}てなくても いいですよ。
　　그렇게

3 りんごは たくさん ＿＿＿＿＿＿ 買^かわないで ください。
　　　　　　　　　　있으니까

문자 01 다음 밑줄 친 부분 중 한자는 히라가나로, 히라가나는 한자로 알맞게 바꾼 것을
①～④ 중에서 골라 보세요.

1 まだ 時間が あるから、<u>無理</u>しないで ください。

① ぶり   ② むり   ③ ふり   ④ もり

2 いつまでに <u>ださなければ</u> なりませんか。

① 立さなければ   ② 出さなければ
③ 足さなければ   ④ 多さなければ

문법 02 _____★_____에 들어갈 알맞은 말을 ①～④ 중에서 골라 보세요.

1 _____ ___★___ _____ _____か。

① なりません   ② いつ   ③ 出さなければ   ④ までに

2 だれも _____ _____ _____ ___★___。

① ください   ② から   ③ いない   ④ 来ないで

청해 03 잘 듣고, B의 대답으로 알맞은 것을 ①～③ 중에서 골라 보세요.   🔊 MP3 2-34

1 A : 資料の 作成は もう 終わりましたか。

B : ①   ②   ③

2 A : いつまでに 出さなければ なりませんか。

B : ①   ②   ③

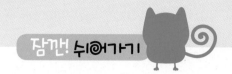

읽는 법이 까다로운 날짜

날짜를 나타낼 때 쓰는 「〜日(일)」은 앞에 오는 숫자에 따라 읽는 법이 두 가지 있습니다.

1. 「日」을 「か」로 읽는 경우 :

   (1) '1일 ~ 10일'을 읽을 때 : 앞의 핵심문형에서 이미 배웠지요?

   (2) 10일 이후의 날짜 중에서 '14일, 20일, 24일'을 읽을 때

2. 「日」을 「にち」로 읽는 경우 : 10일 이후의 날짜들 즉, '11일~31일'을 읽을 때 (단, '14일, 20일, 24일'은

                                                제외)

Tip '특히 '17일, 27일'의 7은 「しち」, '19일, 29일'의 9는 「く」로만 읽으므로 주의하세요.

11일 じゅういち にち	12일 じゅうに にち	13일 じゅうさん にち	14일 じゅうよっか	15일 じゅうご にち	16일 じゅうろく にち
17일 じゅう<u>しち</u> にち	18일 じゅうはち にち	19일 じゅう<u>く</u> にち	20일 はつか	21일 にじゅういち にち	22일 にじゅうに にち
23일 にじゅうさん にち	24일 にじゅうよっか	25일 にじゅうご にち	26일 にじゅうろく にち	27일 にじゅう<u>しち</u> にち	28일 にじゅうはち にち
29일 にじゅう<u>く</u> にち	30일 さんじゅう にち	31일 さんじゅういち にち			

마무리! 확인하기

☐ いつまでに   か。 언제까지 내지 않으면 안 됩니까?

☐ しめきりは 確^{たし}か   です。 마감일은 아마도 9월 10일입니다.

☐ そんなに   。 그렇게 당황하지 않아도 돼요

☐ まだ 時間^{じ かん}が あるから、   。

   아직 시간이 있으니까, 무리하지 말아 주세요

학습 목표	● 동사의 て형 : 1그룹/2그룹/3그룹 동사
	● 동작의 진행/상태 : 동사 て형 + ～て います
	● 행동 : 동사 て형 + ～て きます

MP3 **2-35**

01

急ぎの メールを 書いて います。

急(いそ)ぎの メールを 書(か)いて います。

급한　　　메일을　　　쓰고　　　있습니다.

반말은 이렇게 말해요! **急ぎの メールを 書いてるよ.** 급한 메일을 쓰고 있어.
(急(いそ)ぎの メールを 書(か)いてるよ.)

🔍 1그룹 동사의 て형

1그룹 동사에 「て」를 연결할 때는 어미에 따라 연결되는 「て」의 모양이 달라집니다. 1그룹 동사의 て형은 아래와 같이 크게 4가지 규칙에 따라 활용됩니다.

Tip

동사의 て형은 '~하고 ~하여, ~해서'의 뜻으로 해석합니다.

~く ⇒ ~いて ~ぐ ⇒ ~いで	▶ か**く**(書く) ⇒ か**いて** 　(쓰다)　　　　(쓰고, 써서) ▶ ぬ**ぐ**(脱ぐ) ⇒ ぬ**いで** 　(벗다)　　　　(벗고, 벗어서)
~す ⇒ ~して	はな**す**(話す) ⇒ はな**して** (이야기하다)　　(이야기하고, 이야기해서)
~う ⇒ ~って ~つ ⇒ ~って ~る ⇒ ~って	▶ あ**う**(会う) ⇒ あ**って** 　(만나다)　　　(만나고, 만나서) ▶ ま**つ**(待つ) ⇒ ま**って** 　(기다리다)　　(기다리고, 기다려서) ▶ の**る**(乗る) ⇒ の**って** 　(타다)　　　　(타고, 타서)
~ぬ ⇒ ~んで ~ぶ ⇒ ~んで ~む ⇒ ~んで	▶ し**ぬ**(死ぬ) ⇒ し**んで** 　(죽다)　　　　(죽고, 죽어서) ▶ よ**ぶ**(呼ぶ) ⇒ よ**んで** 　(부르다)　　　(부르고, 불러서) ▶ の**む**(飲む) ⇒ の**んで** 　(마시다)　　　(마시고, 마셔서)
〈예외적인 て형이 되는 동사〉 い**く**(行く) 가다 ⇒ い**って** 가고, 가서 원래 어미가 「~く」로 끝나면 「~いて」의 형태 즉, 「いいて」로 바뀌어야 합니다. 하지만 「行く」는 예외적으로 「いって」의 형태로 씁니다.	

word

急(いそ)ぎ 급함
メール 메일

📖 2그룹 동사의 て형

2그룹 동사에 て를 연결하려면, 어미「る」를 없애고 바로 뒤에「て」를 붙이면 됩니다.

Tip

2그룹 동사의 て형은 어미「る」를 뺀 어간 부분을 가리킵니다.

어미「る」 앞이 い단인 2그룹 동사	어미「る」 앞이 え단인 2그룹 동사
▶ <u>み</u>る(見る) ⇒ <u>み</u>て 　(보다)　　　　 (보고, 봐서)	▶ <u>たべ</u>る(食べる) ⇒ <u>たべ</u>て 　(먹다)　　　　　 (먹고, 먹어서)
▶ <u>き</u>る(着る) ⇒ <u>き</u>て 　(입다)　　　　 (입고, 입어서)	▶ <u>ね</u>る(寝る) ⇒ <u>ね</u>て 　(자다)　　　　 (자고, 자서)
▶ <u>おち</u>る(落ちる) ⇒ <u>おち</u>て 　(떨어지다)　　　 (떨어지고, 떨어져서)	▶ <u>あげ</u>る(上げる) ⇒ <u>あげ</u>て 　(올리다)　　　　　 (올리고, 올려서)

📖 3그룹 동사의 て형

3그룹 동사인「する(하다)」와「くる(오다)」는 다른 동사와는 다르게 활용 규칙이 적용되지 않는 불규칙 동사이므로, 각 기본형의 て형을 있는 그대로 외워야 합니다.

Tip

「くる(来る)」의 て형은 ます형과 마찬가지로「き」로 바뀌므로 함께 기억하세요.

する	くる
▶ する ⇒ して 　(하다)　 (하고, 해서)	▶ くる(来る) ⇒ きて 　(오다)　　　 (오고, 와서)

📖 동사 て형 + ～て います(1)　～하고 있습니다 (동작 동사 : 진행)

동사 て형 뒤에「います」를 연결한「～て います」의 형태는 '～하고 있습니다'라는 현재 동작의 '진행'을 나타내는 뜻이 됩니다. 단, 이렇게 '진행'의 뜻으로 해석될 때 앞에 연결되는 동사는 '동작의 계속을 나타내는 동사'가 쓰여야 합니다. 참고로,「～て います」는「～て いる」의 정중한 표현입니다.

예）道を 歩いて います。 길을 걷고 있습니다.
　　今 勉強を して います。 지금 공부를 하고 있습니다.

word

道(みち) 길

歩(ある)く 걷다

勉強(べんきょう) 공부

MP3 **2-35**

02 まだ 仕事(しごと)が 残(のこ)って いるんです。
아직　　일이　　남아　　있거든요.

반말은 이렇게 말해요! まだ 仕事(しごと)が 残(のこ)ってるんだ。 아직 일이 남아 있거든.

동사 て형 ＋ ～て います(2)　～해(져) 있습니다 (순간 동사 : 상태)

동사 て형 뒤에 「います」를 연결한 「～て います」의 형태는 '～해(져) 있다'라는 '상태를 나타내는 뜻으로도 쓰입니다. 단, 이렇게 '상태'의 뜻으로 해석될 때의 앞에 연결되는 동사는 '순간 동사(동작이 순간적으로 끝나는 동사)'가 쓰여야 합니다.

예　花(はな)が 咲(さ)いて います。 꽃이 피어 있습니다.
　　子供(こども)が 座(すわ)って います。 아이가 앉아 있습니다.

word

まだ 아직
仕事(しごと) 일
残(のこ)る 남다
花(はな) 꽃
咲(さ)く (꽃이) 피다
子供(こども) 아이
座(すわ)る 앉다

03

<ruby>町田<rt>まち だ</rt></ruby>さんの ジュースも <ruby>買<rt>か</rt></ruby>って きます。

마치다 씨의 　　　　 주스도 　　　 사 　　 오겠습니다.

반말은 이렇게 말해요! <ruby>町田<rt>まち だ</rt></ruby>さんの ジュースも <ruby>買<rt>か</rt></ruby>って くるよ。

마치다 씨의 주스도 사 올게.

🔍 동사 て형＋～て きます ~하고 옵니다

동사 て형 뒤에 「**きます**(옵니다)」를 연결하면 어떤 행동이나 동작을 '~하고 옵니다'의 뜻으로 쓰이게 됩니다. 문맥에 따라 「**きます**(옵니다)」 외에 「**いきます**(갑니다)」도 연결하여 쓸 수 있으며, 이때도 그 뜻은 '~하고 갑니다'가 됩니다.

예 〔~하고 옵니다〕 かばんを <ruby>持<rt>も</rt></ruby>って きます。 가방을 들고 오겠습니다.

パンを <ruby>食<rt>た</rt></ruby>べて きます。 빵을 먹고 오겠습니다.

〔~하고 갑니다〕 かばんを <ruby>持<rt>も</rt></ruby>って いきます。 가방을 들고 가겠습니다.

パンを <ruby>食<rt>た</rt></ruby>べて いきます。 빵을 먹고 가겠습니다.

Tip

て형 뒤에 연결되는 「き ます」와 「いきます」는 '보 조동사'라서 한자를 쓰지 않고 히라가나로 쓰는 것 이 원칙입니다.

word

ジュース 주스
～も ～도
買(か)う 사다
かばん 가방
持(も)つ 들다, 가지다
パン 빵

1

メールを 書いて います。

메일을 쓰고 있습니다.

① コート ― 脱ぐ

② 歌 ― 歌う

③ 紙 ― 拾う

④ 新聞 ― 読む

word | コート 코트 | 脱(ぬ)ぐ 벗다 | 歌(うた) 노래 | 歌(うた)う 노래 부르다 |
紙(かみ) 종이 | 拾(ひろ)う 줍다 | 新聞(しんぶん) 신문

2

ピザを 食べて います。

피자를 먹고 있습니다.

① 窓 ― 閉める

② ごみ ― 捨てる

③ テレビ ― 見る

④ 散歩 ― する

word | 窓(まど) 창문 | 閉(し)める 닫다 | ごみ 쓰레기 | 捨(す)てる 버리다 |
テレビ 텔레비전 | 散歩(さんぽ) 산책

MP3 2-38

3

まだ 仕事が 残って いるんです。

아직 일이 남아 있거든요.

① 桜 — 咲く

② 子供 — 座る

③ 火 — つく

④ ケータイ — 壊れる

> **word**
>
> **桜(さくら)** 벚꽃 | **咲(さ)く** (꽃이) 피다 | **座(すわ)る** 앉다 | **火(ひ)** 전기, 불 |
> **つく** 켜지다, 붙다 | **ケータイ** 휴대전화 | **壊(こわ)れる** 고장나다, 부서지다

MP3 2-39

4

ジュースを 買って きます。

주스를 사 오겠습니다.

① かばん — 持つ

② 昼ごはん — 食べる

③ お医者さん — 呼ぶ

④ 顔 — 洗う

> **word**
>
> **かばん** 가방 | **持(も)つ** 들다, 가지다 | **昼(ひる)ごはん** 점심(밥) | **食(た)べる** 먹다 |
> **お医者(いしゃ)さん** 의사 선생님 | **呼(よ)ぶ** 부르다 | **顔(かお)** 얼굴 | **洗(あら)う** 씻다

▶ MP3 2-40 따라읽기 MP3 2-41

金　町田さん、今 ちょっと いいですか。
　　①　　②　③　　　④

町田　あ、ごめんなさい。今 急ぎの メールを 書いて います。
　　　⑤　　⑥　　　　⑦　⑧　　⑨　　⑩　　⑪

金　そうですか。じゃ、後で 近くの カフェに 行きませんか。
　　⑫　　　　⑬　　⑭　⑮　　⑯　　　⑰

町田　ああ。私、まだ ほかの 仕事が 残って いるんです。
　　　⑱　⑲　⑳　　㉑　　㉒　　㉓　　㉔

　　　カフェに 行く のは ちょっと…。ごめんなさい。
　　　㉕　　㉖　㉗　㉘　　　　㉙

金　それじゃ、地下の コンビニに 行く のは どうですか。
　　㉚　　　㉛　　㉜　　㉝　㉞　　㉟

町田　うーん、そこに 行く のも…。
　　　㊱　　　㊲　㊳　㊴

金　じゃ、僕が 町田さんの ジュースも 買って きます。
　　⑳　㊶　　㊷　　　㊸　　㊹　　㊺

町田　あ、すみません。お願いします。
　　　㊻　　㊼　　　㊽

🐱 어휘력 쑥쑥 키우기!

今(いま) 지금　　　　　　　～ませんか ~하지 않겠습니까?　　地下(ちか) 지하

ごめんなさい 미안합니다　　ほかの 다른　　　　　　コンビニ 편의점

後(あと)で 나중에　　　　　～の ~것　　　　　　　うーん 글쎄요

近(ちか)く 근처, 주변　　　ちょっと 조금, 약간　　　すみません 죄송합니다(감사합니다)

カフェ 카페　　　　　　　それじゃ 그럼, 그렇다면　　お願(ねが)いします 부탁합니다

김	마치다 씨, 지금 잠깐 괜찮습니까?
	① ② ③ ④
마치다	아, 미안해요. 지금 급한 메일을 쓰고 있습니다.
	⑤ ⑥ ⑦ ⑧ ⑨ ⑩ ⑪
김	그렇습니까? 그럼, 나중에 근처 카페에 가지 않겠습니까?
	⑫ ⑬ ⑭ ⑮ ⑯ ⑰
마치다	아~. 저, 아직 다른 일이 남아 있거든요.
	⑱ ⑲ ⑳ ㉑ ㉒ ㉓ ㉔
	카페에 가는 것은 좀……. 미안해요.
	㉕ ㉖ ㉗ ㉘ ㉙
김	그렇다면, 지하의 편의점에 가는 것은 어떻습니까?
	㉚ ㉛ ㉜ ㉝ ㉞ ㉟
마치다	음~, 거기에 가는 것도…….
	㊱ ㊲ ㊳ ㊴
김	그럼, 제가 마치다 씨의 주스도 사 오겠습니다.
	㊵ ㊶ ㊷ ㊸ ㊹ ㊺
마치다	아, 죄송합니다. 부탁합니다.
	㊻ ㊼ ㊽

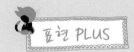

★ ごめんなさい 미안합니다

이 표현은 사과할 때 쓰는 인사말인데, 「すみません(죄송합니다)」보다는 정중한 정도가 약간 낮고 회화에서 많이 쓰입니다. 참고로, '미안해'라는 반말 표현은 뒤의 「なさい」를 빼고 「ごめん」이라고만 하면 됩니다.

★ ちょっと 조금, 약간

「ちょっと」는 주로 회화에서 많이 쓰이는 부사로, 뒤에 이어지는 형용사나 동사의 정도가 약한 경우에 씁니다. 다만 본문에서는 '(그건) 좀…….'이라는 뜻으로 거절의 뜻을 돌려 말하는 의미로 쓰였다는 것을 알아두세요. 그 외에도 「ちょっと」에는 '잠시, 잠깐'이라는 뜻도 있으므로 함께 알아두세요.

실력 다지기

연습문제 1

01 다음 빈칸에 들어갈 알맞은 말을 [보기] 중에서 골라 써 보세요.

> 보기   買って   書いて   残って

1 急ぎの メールを (　　　　　　) います。

2 まだ 仕事が (　　　　　　) いるんです。

3 町田さんの ジュースも (　　　　　　) きます。

02 다음 동사의 기본형을 「〜て」의 형태로 바꾸어 써 보세요.

1 よむ(읽다) → (　　　　　)　　　2 おす(밀다) → (　　　　　)

3 きく(듣다) → (　　　　　)　　　4 ねる(자다) → (　　　　　)

5 とぶ(날다) → (　　　　　)　　　6 する(하다) → (　　　　　)

7 いく(가다) → (　　　　　)　　　8 かう(사다) → (　　　　　)

9 ある(있다) → (　　　　　)　　　10 くる(오다) → (　　　　　)

03 다음 밑줄 친 부분의 우리말 의미에 해당하는 일본어를 써 보세요.

1 _____ 電話を _____ います。
　　　　급한　　　　　　　　　걸고

2 桜が _____ いるんです。
　　　　　피어

3 町田さんの かばんも 持って _____。
　　　　　　　　　　　　　　　　오겠습니다

172

문자 **01** 다음 밑줄 친 부분 중 한자는 히라가나로, 히라가나는 한자로 알맞게 바꾼 것을
①~④ 중에서 골라 보세요.

1 まだ <u>仕事</u>が 残^{のこ}って いるんです。

① しこと   ② じこと   ③ しごと   ④ じごと

2 町田^{まち だ}さんの ジュースも <u>かって</u> きます。

① 持って   ② 買って   ③ 会って   ④ 行って

문법 **02** ＿＿＿★＿＿＿에 들어갈 알맞은 말을 ①~④ 중에서 골라 보세요.

1 ＿＿＿＿＿ ＿＿＿＿＿ ＿＿★＿＿ ＿＿＿＿＿。

① 書^かいて   ② います   ③ メールを   ④ 急^{いそ}ぎの

2 ＿＿＿＿＿ ＿＿★＿＿ ＿＿＿＿＿ ＿＿＿＿＿。

① を   ② お医者^{い しゃ}さん   ③ きます   ④ 呼^よんで

청해 **03** 잘 듣고, B의 대답으로 알맞은 것을 ①~③ 중에서 골라 보세요. MP3 2-42

1 A : 今^{いま} ちょっと いいですか。

B : ①   ②   ③

2 A : 地下^{ち か}に ある コンビニに 行^いく のは どうですか。

B : ①   ②   ③

'상태'를 나타내는「～て いる」와「～て ある」

「～て いる」는 앞에 동작의 계속을 나타내는 동사(계속 동사)가 연결되면 '진행(～하고 있다)'의 뜻이 되고, 앞에 동작이 순간적으로 끝나는 동사(순간 동사)가 연결되면 '상태(～해(져) 있다)'의 뜻이 됩니다. 그런데 '상태'를 나타내는 표현에는「～て いる」외에「～て ある」도 있습니다. 이 두 가지 표현이 서로 어떻게 다른지 아래의 예문을 보면서 공부해 봅시다.

창문이 열려져 있다.	窓が 開けて いる. 그냥 현재 창문이 열려져 있다는 '사실'만을 나타냅니다.
	窓が 開けて ある. 누군가 의도적으로 창문을 열어 놓았기 때문에, 그런 이유로 현재 창문이 열려져 있다는 '상황'을 나타냅니다.

예

A : あれ? 窓が ちょっと 開いて いますね. 어? 창문이 조금 열려 있네요.

B : 部屋が くさいから、窓が あけて あるんです. 방이 냄새 나서 창문을 열어 놓았거든요.

마무리! 확인하기

☐ 急ぎの メールを _____. 급한 메일을 쓰고 있습니다.

☐ まだ 仕事が _____ んです. 아직 일이 남아 있거든요.

☐ 町田さんの ジュースも _____.
마치다 씨의 주스도 사 오겠습니다.

PART 12

えんぴつ か
鉛筆で 書いても いいですか。
연필로 써도 됩니까?

학습 목표

- 부탁 : 동사 て형 + ~て ください
- 허가 : 동사 て형 + ~ても いいです
- 금지 : 동사 て형 + ~ては いけません
- 완료 : 동사 て형 + ~て しまいました

핵심 문법

本や ノートは かばんの 中に 入れて ください。
책이랑　　노트는　　　가방　　안에　　넣어　　주세요.

반말은 이렇게 말해요! 本や ノートは かばんの 中に 入れてね。
책이랑 노트는 가방 안에 넣어 줘.

～や　～랑, ~과, ~나 (사물의 나열)

명사 뒤에 연결되는 「～や」는 두 가지 이상의 명사를 나열할 때 쓰는 표현으로, 이때 쓰이는 명사는 해당되는 그것 외에 다른 것도 있지만 예를 들어 나열하는 경우에 씁니다. 참고로, 「～と」도 「～や」와 마찬가지로 두 가지 이상의 명사를 나열할 때 쓰이지만, 「～と」는 나열한 명사 외에 다른 것은 없고 단지 나열한 명사만 있는 경우에 쓰입니다.

예 **저는 딸기와 귤을 좋아합니다.**

私は いちごや みかんが 好きです。 저는 딸기나 귤을 좋아합니다.
과일들 중에서 딸기와 귤을 예로 들어 좋아한다는 뜻임.(좋아하는 과일이 이외에 더 있음)

私は いちごと みかんが 好きです。 저는 딸기와 귤을 좋아합니다.
과일들 중에서 딸기와 귤, 이 두 가지만 좋아한다는 뜻임.(좋아하는 과일은 이외에 더 없음)

동사 て형＋～て ください　~해 주세요

이 표현은 동사 て형 뒤에 연결되는데, 상대방에게 어떤 행동이나 동작을 부탁할 때 씁니다. 하지만, 약간의 가벼운 명령의 뉘앙스도 들어있기 때문에 손윗사람에게는 쓰지 않는 것이 좋습니다.

예 ここに 名前を 書いて ください。 여기에 이름을 써 주세요.
もう 少し 待って ください。 좀 더 기다려 주세요.

ノート 노트
中(なか) 안, 속
入(い)れる 넣다
いちご 딸기
みかん 귤
好(す)きだ 좋아하다
名前(なまえ) 이름
もう 少(すこ)し 좀 더
待(ま)つ 기다리다

02

答えを 鉛筆で 書いても いいですか。
こた / えん ぴつ / か

답을　　연필로　　써도　　됩니까?

🦊 **반말은 이렇게 말해요!** 答えを 鉛筆で 書いても いいの? 답을 연필로 써도 돼?
こた えんぴつ か

🔍 **〜で** **〜으로 (수단, 방법)**

명사 뒤에 연결되는 조사「**〜で**」는 두 가지 뜻으로 쓰입니다. 먼저 위치나 장소를 나타내는 명사 뒤에서는 '~에서'의 뜻이 되고, 사물이나 물질을 나타내는 명사 뒤에서는 '~으로'라는 수단이나 방법의 뜻이 됩니다.

예 駅で 友だちを 待って います.　〔장소(~에서)〕
えき とも ま

역에서 친구를 기다리고 있습니다.

自転車で 学校へ 行きます.　〔수단(~으로)〕
じ てんしゃ がっこう い

자전거로 학교에 갑니다.

🔍 **동사 て형 + 〜ても いいです** **~해도 됩니다, ~해도 좋습니다**

이 표현은 동사의 て형 뒤에 연결되는데, 상대방에게 자기가 할 행동이나 동작에 대해 미리 허락이나 양해를 구할 때 쓰입니다. 특히 뒤에 연결되는「**いいです**」의 의미는 상황에 따라 '됩니다, 좋습니다, 괜찮습니다'와 같이 다양하게 해석됩니다.

예 両親に 話しても いいです. 부모님에게 이야기해도 됩니다.
りょうしん はな

今日 お酒を 飲んでも いいです. 오늘 술을 마셔도 됩니다.
きょう さけ の

---

word

答(こた)え 답, 대답
鉛筆(えんぴつ) 연필
駅(えき) 역
友(とも)だち 친구
待(ま)つ 기다리다
自転車(じてんしゃ)
자전거
両親(りょうしん)
부모님
話(はな)す 이야기하다
お酒(さけ) 술

MP3 2-43

03 絶対に 鉛筆を 使っては いけません。
절대로 　　　연필을 　　　사용해서는 　　　안 됩니다.

> 반말은 이렇게 말해요!
> 絶対に 鉛筆を 使っちゃ いけないよ。
> 절대로 연필을 사용해서는 안 돼!

絶対に ～ません 절대로 ~하지 않습니다

「絶対に」는 '절대로'라는 뜻의 부사인데, 항상 뒤에는 부정을 나타내는 「～ません(ない)」와 함께 쓰입니다. 어떠한 경우에서라도 조금의 가능성은 거의 없다는 뉘앙스를 가진 표현입니다.

예 私は 絶対に 遅刻しません。 저는 절대로 지각하지 않습니다.
　　彼は 絶対に お酒を 飲みません。 그는 절대로 술을 마시지 않습니다.

동사 て형 + ～ては いけません ~해서는 안 됩니다

이 표현은 동사의 て형 뒤에 연결되는데, 상대방이 하는 행동이나 동작에 대해 그렇게 해서는 안 된다고 강하게 금지의 뜻을 전할 때 쓰입니다. 일반적으로 사회적 규범이나 매너 등에 쓰이며, 인간관계에서는 상하관계가 분명한 경우에서나 쓸 수 있는 강한 표현입니다.

예 今 テレビを 見ては いけません。 지금 텔레비전을 봐서는 안 됩니다.
　　お菓子を 食べては いけません。 과자를 먹어서는 안 됩니다.

> **Tip**
>
> 회화에서는 「に」를 생략하여 「絶対(ぜったい)」라고만 말하기도 합니다.

> **word**
>
> **絶対(ぜったい)に**
> 절대로
> **使(つか)う** 쓰다, 사용하다
> **遅刻(ちこく)する**
> 지각하다
> **お酒(さけ)** 술
> **飲(の)む** 마시다
> **今(いま)** 지금
> **お菓子(かし)** 과자

178

04

開始時間を 3分 過ぎて しまいましたね。
시작 시간을   3분   넘기고   말았네요.

반말은 이렇게 말해요!

開始時間を 3分 過ぎちゃったね。
시작 시간을 3분 넘기고 말았네.

동사 て형 + ～て しまいました   ～해 버렸습니다, ～하고 말았습니다

이 표현은 동사 て형 뒤에 연결되는데, 어떤 행동이나 동작이 이미 끝나서 완료되었다는 사실을 나타낼 때 쓰입니다. 완료된 행동을 나타내므로 주로 문장의 시제는 과거형이 되지요. 참고로, '이미, 벌써'라는 뜻의 부사「もう」와 함께 쓰이는 경우가 많습니다.

예 約束を 忘れて しまいました。 약속을 잊어 버렸습니다.

先生に もう 話して しまいました。
선생님에게 벌써 이야기하고 말았습니다.

Tip

회화에서는 「～て しまう」를 줄여서 「～ちゃう」라고 합니다. 함께 기억해 두세요.

word

開始(かいし) 개시, 시작
時間(じかん) 시간
もう 이미, 벌써
過(す)ぎる 지나다
終(お)わる 끝나다
約束(やくそく) 약속
忘(わす)れる 잊다
話(はな)す 이야기하다

1

かばんの 中_{なか}に 入_いれて ください。

가방 안에 넣어 주세요.

① テーブルの 上_{うえ} ― 置_おく　　② 私_{わたし}の 前_{まえ} ― 立_たつ

③ 私_{わたし}の となり ― 座_{すわ}る　　④ 家_{いえ}の 外_{そと} ― 出_でる

> word
>
> テーブル 테이블 | 上(うえ) 위 | 置(お)く 두다, 놓다 | 前(まえ) 앞 |
> 立(た)つ 일어서다 | となり 옆 | 座(すわ)る 앉다 | 家(いえ) 집 |
> 外(そと) 밖, 바깥 | 出(で)る 나오다, 나가다

2

答_{こた}えを 鉛筆_{えんぴつ}で 書_かいても いいですか。

답을 연필로 써도 됩니까?

① サイズ ― 変_かえる　　② 運転_{うんてん} ― 練習_{れんしゅう}する

③ 果物_{くだもの} ― 買_かう　　④ 会社_{かいしゃ} ― 辞_やめる

> word
>
> サイズ 사이즈, 치수 | 変(か)える 바꾸다 | 運転(うんてん) 운전 |
> 練習(れんしゅう)する 연습하다 | 果物(くだもの) 과일 | 買(か)う 사다 |
> 会社(かいしゃ) 회사 | 辞(や)める 그만두다

3

鉛筆を 使っては いけません。
えんぴつ　　つか

연필을 사용해서는 안 됩니다.

① ごみ ― 捨てる
　　　　　す

② 秘密 ― 話す
　ひみつ　はな

③ 名前 ― 書く
　なまえ　か

④ 結婚記念日 ― 忘れる
　けっこんきねんび　わす

word
ごみ 쓰레기 | **捨(す)てる** 버리다 | **秘密(ひみつ)** 비밀 | **話(はな)す** 이야기하다 |
名前(なまえ) 이름 | **書(か)く** 쓰다 | **結婚記念日(けっこんきねんび)** 결혼 기념일 |
忘(わす)れる 잊다

4

開始時間を 3分 過ぎて しまいましたね。
かいしじかん　　ぶん　す

시작 시간을 3분 넘기고 말았네요.

① 休みが 終わる
　やす　　お

② ごはんが 残る
　　　　　のこ

③ アイスクリームが 溶ける
　　　　　　　　　と

④ 授業が 始まる
　じゅぎょう　はじ

word
休(やす)み 휴가, 방학 | **終(お)わる** 끝나다 | **ごはん** 밥 | **残(のこ)る** 남다 |
アイスクリーム 아이스크림 | **溶(と)ける** 녹다 | **授業(じゅぎょう)** 수업 |
始(はじ)まる 시작되다

실전 회화

MP3 2-48 | 따라읽기 MP3 2-49

先生(せんせい) 今(いま)から 日本語(にほんご)の テストを 始(はじ)めます。
① ② ③ ④

本(ほん)や ノートは かばんの 中(なか)に 入(い)れて ください。
⑤ ⑥ ⑦ ⑧ ⑨ ⑩

生徒(せいと) 先生(せんせい)、答(こた)えを 鉛筆(えんぴつ)で 書(か)いても いいですか。
⑪ ⑫ ⑬ ⑭ ⑮

先生(せんせい) いいえ、絶対(ぜったい)に 鉛筆(えんぴつ)を 使(つか)っては いけません。
⑯ ⑰ ⑱ ⑲ ⑳

答(こた)えは 必(かなら)ず 黒(くろ)の ボールペンで 書(か)いて ください。
㉑ ㉒ ㉓ ㉔ ㉕ ㉖

生徒(せいと) じゃ、修正(しゅうせい)ペンは 使(つか)っても いいですか。
㉗ ㉘ ㉙ ㉚

先生(せんせい) もちろんです。あ! 開始時間(かいしじかん)を 3分(ぶん) 過(す)ぎて しまいましたね。
㉛ ㉜ ㉝ ㉞ ㉟ ㊱

それでは、始(はじ)めて ください。
㊲ ㊳ ㊴

어휘력 쑥쑥 키우기!

先生(せんせい) 선생님
今(いま)から 지금부터
テスト 시험
始(はじ)める 시작하다
生徒(せいと) 학생

必(かなら)ず 반드시, 꼭
黒(くろ) 검정
ボールペン 볼펜
~で ~으로
修正(しゅうせい)ペン 수정펜

もちろん 물론
開始時間(かいしじかん) 시작 시간
過(す)ぎる 지나다, 넘기다
それでは 그럼

182

선생님	지금부터 일본어 시험을 시작하겠습니다.
	① ② ③ ④
	책이랑 노트는 가방 안에 넣어 주세요.
	⑤ ⑥ ⑦ ⑧ ⑨ ⑩
학생	선생님, 답을 연필로 써도 됩니까?
	⑪ ⑫ ⑬ ⑭ ⑮
선생님	아니요, 절대로 연필을 사용해서는 안 됩니다.
	⑯ ⑰ ⑱ ⑲ ⑳
	답은 반드시 검정 볼펜으로 써 주세요.
	㉑ ㉒ ㉓ ㉔ ㉕ ㉖
학생	그럼, 수정펜은 써도 됩니까?
	㉗ ㉘ ㉙ ㉚
선생님	물론입니다. 어머! 시작 시간을 3분 넘기고 말았네요.
	㉛ ㉜ ㉝ ㉞ ㉟ ㊱
	그럼, 시작해 주세요.
	㊲ ㊳ ㊴

표현 PLUS

★ 今（いま）から 지금부터

이 말은 때를 나타내는 부사 표현으로 현재 시점인 지금부터 어떤 행동이나 동작을 시작하려고 할 때 씁니다. 시간적 관점에서의 출발점을 나타내지요. 비슷한 의미의 「これから」는 '이제부터, 앞으로'의 뜻인데 함께 기억해 두세요.

★ 生徒（せいと） 학생

일본어에는 '학생'을 뜻하는 단어에 「生徒（せいと）」와 「学生（がくせい）」의 두 가지가 있습니다. 먼저 「生徒（せいと）」는 주로 초등학교, 중학교, 고등학교에 다니는 학생들을 가리키는 말이며, 「学生（がくせい）」는 주로 대학생 이상을 가리킵니다. 잘못 쓰지 않도록 주의하세요.

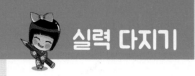
연습문제 1

01 다음 빈칸에 들어갈 알맞은 말을 〔보기〕 중에서 골라 써 보세요.

> 보기 しまいました いいですか 使っては 入れて

1 本や ノートは かばんの 中に (　　　　　　　　) ください。

2 答えを 鉛筆で 書いても (　　　　　　　　)。

3 絶対に 鉛筆を (　　　　　　　　) いけません。

4 開始時間を 3分 過ぎて (　　　　　　　　)ね。

02 다음 밑줄 친 동사의 기본형을 て형을 이용하여 의미에 맞도록 바꾸어 써 보세요.

1 外に でる → (　　　　　　　　) ください。 나와 주세요.

2 靴を かう → (　　　　　　　　) いいです。 사도 됩니다.

3 会社に くる → (　　　　　　　　) いけません。 와서는 안 됩니다.

4 お酒を のむ → (　　　　　　　　) しまいました。 마셔 버렸습니다.

03 다음 밑줄 친 부분의 우리말 의미에 해당하는 일본어를 써 보세요.

1 私の _____に _____ ください。
　　　　　 옆　　　　　 앉아

2 _____を 鉛筆で _____ いいですか。
　　이름　　　　　　　　 써도

3 鉛筆を 使っては _____。
　　　　　　　　 안 됩니다

4 授業が _____ しまいましたね。
　　시작되고

문자 01 다음 밑줄 친 부분 중 한자는 히라가나로, 히라가나는 한자로 알맞게 바꾼 것을
①~④ 중에서 골라 보세요.

1 絶対に 鉛筆を <u>使っては</u> いけません。

① つくっては   ② つぐっては   ③ つがっては   ④ つかっては

2 <u>こたえ</u>を 鉛筆で 書いても いいですか。

① 応え   ② 答え   ③ 返え   ④ 弁え

문법 02 ＿＿＿＿★＿＿＿에 들어갈 알맞은 말을 ①~④ 중에서 골라 보세요.

1 本や ノートは ＿＿＿＿＿ ＿＿＿＿＿ ＿＿★＿＿ ＿＿＿＿＿。

① ください   ② 入れて   ③ の 中に   ④ かばん

2 ごはん＿＿＿＿＿ ＿＿＿＿＿ ＿＿＿＿＿ ＿＿★＿＿。

① ましたね   ② が   ③ 残って   ④ しまい

청해 03 잘 듣고, B의 대답으로 알맞은 것을 ①~③ 중에서 골라 보세요.   MP3 2-50

1 A：答えを 鉛筆で 書いても いいですか。

   B：①   ②   ③

2 A：じゃ、修正ペンは 使っても いいですか。

   B：①   ②   ③

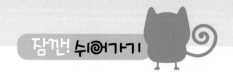

여러 가지 문구용품 · 사무용품

- **종이** 紙(かみ)
- **복사용지** コピー用紙(ようし) **Tip** 일본어로 복사용지의 사이즈를 읽는 법:영어는 그대로 읽고, 숫자는 일본어 숫자 읽는 법으로 읽습니다.

  예 A4(エー よん) B5(ビー ご) A3(エー さん)

- **필기구** 筆記用具(ひっきようぐ)

  펜 ペン　　　**볼펜** ボールペン　　　**샤프펜슬** シャープペンシル

  색연필 色鉛筆(いろえんぴつ)　　　**형광펜** 蛍光(けいこう)ペン

- **수정액** 修正液(しゅうせいえき)
- **지우개** 消(け)しゴム
- **호치키스** ホ(ッ)チキス　　　**Tip** '호치키스의 심'은 「針(はり, 침/바늘)」라고 합니다.
- **파일** ファイル
- **필통** 筆箱(ふでばこ)
- **풀** のり
- **자** 定規(じょうぎ)
- **문구용 칼** カッター

마무리! 확인하기

☐ 本や ノートは かばんの 中に ＿＿＿＿＿＿＿。

책이랑 노트는 가방 안에 넣어 주세요.

☐ 答えを 鉛筆で ＿＿＿＿＿＿か。 답을 연필로 써도 됩니까?

☐ 絶対に 鉛筆を ＿＿＿＿＿＿＿。

절대로 연필을 사용해서는 안 됩니다.

☐ 開始時間を 3分 ＿＿＿＿＿＿ね。

시작 시간을 3분 넘기고 말았네요.

サッカーを 見に 行った ことが ある。

축구를 보러 간 적이 있다.

PART 13

학습 목표
- 동사의 た형 : 1그룹 / 2그룹 / 3그룹 동사
- 동작의 나열 : 동사 た형 + 〜たり 〜たり する
- 경험 : 동사 た형 + 〜た ことが ある / ない
- 조언 · 충고 : 동사 た형 + 〜た ほうが いい

MP3 **2-51**

01

友だちの 健二に 電話した。
とも けん じ でん わ
친구인 　　겐지에게 　　전화했다.

1그룹 동사의 た형

1그룹 동사에 た를 연결할 때는 어미에 따라 연결되는 「た」의 모양이 달라집니다. 1그룹 동사의 た형은 아래와 같이 크게 4가지 규칙에 따라 활용됩니다.

Tip

동사의 た형은 과거를 나타내므로 '~했다'라고 해석합니다. 또한, 동사의 て형과 활용법이 똑같기 때문에 「て」대신 「た」만 바꿔서 넣으면 됩니다.

~く ⇒ ~いた ~ぐ ⇒ ~いだ	▶ か<u>く</u>(書く) ⇒ か<u>いた</u> 　(쓰다) 　　　　(썼다) ▶ ぬ<u>ぐ</u>(脱ぐ) ⇒ ぬ<u>いだ</u> 　(벗다) 　　　　(벗었다)
~す ⇒ ~した	▶ はな<u>す</u>(話す) ⇒ はな<u>した</u> 　(이야기하다) 　　(이야기했다)
~う ⇒ ~った ~つ ⇒ ~った ~る ⇒ ~った	▶ あ<u>う</u>(会う) ⇒ あ<u>った</u> 　(만나다) 　　　(만났다) ▶ ま<u>つ</u>(待つ) ⇒ ま<u>った</u> 　(기다리다) 　　(기다렸다) ▶ の<u>る</u>(乗る) ⇒ の<u>った</u> 　(타다) 　　　　(탔다)
~ぬ ⇒ ~んだ ~ぶ ⇒ ~んだ ~む ⇒ ~んだ	▶ し<u>ぬ</u>(死ぬ) ⇒ し<u>んだ</u> 　(죽다) 　　　　(죽었다) ▶ よ<u>ぶ</u>(呼ぶ) ⇒ よ<u>んだ</u> 　(부르다) 　　　(불렀다) ▶ の<u>む</u>(飲む) ⇒ の<u>んだ</u> 　(마시다) 　　　(마셨다)

〈예외적인 た형이 되는 동사〉 い<u>く</u>(行く) 가다 ⇒ い<u>った</u> 갔다
원래 어미가 「~く」로 끝나면 「~いた」의 형태 즉, 「いいた」로 바뀌어야 합니다. 하지만 「いく」는 어미와 상관없이 무조건 「~った」로 바꾸어 「いった」의 형태로 씁니다.

word

友(とも)だち 친구
電話(でんわ)する
전화하다

MP3 **2-51**

02

試合を 見たり ゲームを したり した。
しあい み
시합을　보기도 하고　게임을　하기도　했다.

🔊 2그룹 동사의 た형

2그룹 동사에 「**た**」를 연결하려면, 어미 「**る**」를 없애고 바로 뒤에 「**た**」를 붙이면 됩니다.

어미 「る」 앞이 い단인 2그룹 동사	어미 「る」 앞이 え단인 2그룹 동사
▶ みる(見る)(보다) ⇒ みた (보았다)	▶ たべる(食べる)(먹다) ⇒ たべた (먹었다)
▶ きる(着る)(입다) ⇒ きた (입었다)	▶ ねる(寝る)(자다) ⇒ ねた (잤다)

🔊 3그룹 동사의 た형

3그룹 동사인 「**する**(하다)」와 「**くる**(오다)」는 다른 동사와는 다르게 활용 규칙이 적용되지 않는 불규칙 동사이므로, 각 기본형의 **た**형을 있는 그대로 외워야 합니다.

する	くる
▶ する(하다) ⇒ した (했다)	▶ くる(来る)(오다) ⇒ きた (왔다)

🔊 동사 た형 + ～たり ～たり する　~하기도 하고 ~하기도 하다

동사 **た**형 뒤에 연결되는 「**～たり ～たり する**」의 형태는 '~하기도 하고 ~하기도 하다, ~하거나 ~하거나 한다'로 해석합니다. 두 가지 이상의 행동이나 동작을 나열할 때 쓰는 표현인데, 그 행동이나 동작들이 동시에 일어나지는 않고 예를 들어 설명할 때 씁니다.

예 テレビを 見たり 本を 読んだり する。 텔레비전을 보거나 책을 읽거나 한다.

MP3 2-51

03 サッカーを 見に 行った ことが ある。
축구를　　　보러　　간　　적이　　있다.

동사 ます형 + ～に　～하러 (동작의 목적)

원래 명사 뒤에 연결되는 조사 「に」는 위치를 나타내는 '～에'라는 뜻인데, 조사 「に」가 동사 ます형 뒤에 연결되면 동작의 목적을 나타내는 '～하러'의 뜻으로 쓰입니다. 특히 이때 「に」 뒤에는 「行く(가다)」 또는 「来る(오다)」와 같은 동사가 연결되어 '～하러 가다/오다'의 문형으로도 쓰입니다.

예 ジュースを 買いに 行きます。 주스를 사러 갑니다.

　　ごはんを 食べに 来ます。 밥을 먹으러 옵니다.

동사 た형 + ～た ことが ある/ない　～한 적이 있다/없다 (경험)

동사 た형 뒤에 연결되는 「～た ことが ある/ない」는 '～한 적이 있다/없다'라는 뜻의 어떤 행동이나 동작을 한 경험이 있는지 없는지를 나타낼 때 쓰는 표현입니다. 경험을 묻는 문형이므로, 반드시 동사는 과거형인 た형 뒤에 연결해야 합니다.

예 アメリカに 行った ことが ある。 미국에 간 적이 있다.

　　彼女と 会った ことが ない。 그녀와 만난 적이 없다.

Tip

원래 「こと」는 '일, 것'이라는 뜻을 가진 형식명사입니다.

word

サッカー 축구
ジュース 주스
買(か)う 사다
アメリカ 미국
彼女(かのじょ) 그녀
会(あ)う 만나다

04

テレビで 見る より 生で 見た ほうが いい。

텔레비전으로 보는 것 보다 직접 보는 것이 (더) 좋다.

～より   ～보다 (비교)

이 표현은 명사 뒤에도 연결되고 동사 뒤에도 연결되는데, 「～より」의 앞뒤로 연결되는 것들을 서로 비교하여 말할 때 쓰는 표현입니다. 보통 「～より」 뒤에 「～の ほうが (～이/가 더)」 또는 「～た ほうが (～하는 것이 더)」가 함께 쓰이는 경우가 많습니다.

예 〔명사〕 コンビニより スーパーの ほうが 安い。 편의점보다 슈퍼가 더 싸다.

〔동사〕 コーヒーを 飲むより お茶を 飲んだ ほうが いい。
커피를 마시기 보다 차를 마시는 것이 더 좋다.

동사 た형 + ～た ほうが いい   ～하는 것이 (더) 좋다 (조언)

동사 た형 뒤에 연결되는 「～た ほうが いい」는 직역하면 '~하는 편이 좋다'의 뜻입니다. 「ほう(方)」가 원래 '쪽, 방향'을 뜻하는 말이기 때문이지요. 그러나 '~하는 것이 (더) 좋다'라고 의역하는 것이 가장 자연스럽습니다. 특히, 이 표현은 동사 た형에 연결되지만 해석할 때는 과거형이 아닌 현재형으로 해석해야 합니다. 틀리기 쉬운 부분이므로 꼭 기억해 두세요.

예 朝ごはんを 食べた ほうが いい。 아침밥을 먹는 것이 더 좋다.

ケータイを 買った ほうが いい。 휴대전화를 사는 것이 더 좋다.

Tip

부정 표현인 '~하지 않는 것이 (더) 좋다'는 현재형 그대로 「～ない ほうが いい」라고 하면 됩니다.

word

生(なま)で 직접
コンビニ 편의점
スーパー 슈퍼
安(やす)い 싸다
コーヒー 커피
お茶(ちゃ) 차
朝(あさ)ごはん 아침밥
買(か)う 사다

1 健二(けんじ)に 電話(でんわ)した。

겐지에게 전화했다

① カラオケで 歌(うた)を 歌(うた)う　② 彼女(かのじょ)と 紅茶(こうちゃ)を 飲(の)む

③ 先輩(せんぱい)と お芝居(しばい)を 見(み)る　④ デパートで 買(か)い物(もの)を する

---

word

カラオケ 노래방 | **歌(うた)** 노래 | **歌(うた)う** 노래 부르다 | **彼女(かのじょ)** 그녀 |
紅茶(こうちゃ) 홍차 | **先輩(せんぱい)** 선배 | **お芝居(しばい)** 연극 | **デパート** 백화점 |
買(か)い物(もの)を する 장을 보다, 쇼핑하다

---

2 試合(しあい)を 見(み)たり ゲームを したり した。

시합을 보기도 하고 게임을 하기도 했다.

① 音楽(おんがく)を 聞(き)く ― 本(ほん)を 読(よ)む　② スーパーに 行(い)く ― テニスを する

③ 料理(りょうり)を する ― 掃除(そうじ)を する　④ メールを 書(か)く ― 電話(でんわ)を する

---

word

音楽(おんがく) 음악 | **聞(き)く** 듣다 | **読(よ)む** 읽다 | **スーパー** 슈퍼 |
テニス 테니스 | **料理(りょうり)** 요리 | **掃除(そうじ)** 청소 | **メール** 메일 |
書(か)く 쓰다 | **電話(でんわ)** 전화

3

サッカーを 見_みに 行_いった ことが ある。

축구를 보러 간 적이 있다.

① ハワイに 行_いく　　　　② 会社_{かいしゃ}を 休_{やす}む

③ 約束_{やくそく}を 忘_{わす}れる　　④ 有名人_{ゆうめいじん}に 会_あう

> **word**　ハワイ 하와이 ｜ **会社(かいしゃ)** 회사 ｜ **休(やす)む** 쉬다 ｜ **約束(やくそく)** 약속 ｜
> **忘(わす)れる** 잊다 ｜ **有名人(ゆうめいじん)** 유명인 ｜ **〜に 会(あ)う** ~을/를 만나다

4

テレビで 見_みる より 生_{なま}で 見_みた ほうが いい。

텔레비전으로 보는 것보다 직접 보는 것이 (더) 좋다.

① 薬_{くすり}を 飲_のむ ― 病院_{びょういん}に 行_いく　　② 英語_{えいご}を 習_{なら}う ― 日本語_{にほんご}を 習_{なら}う

③ ずっと 待_まつ ― 電話_{でんわ}を する　　④ エアコンを つける ― 窓_{まど}を 開_あける

> **word**　**薬(くすり)を 飲(の)む** 약을 먹다 ｜ **病院(びょういん)** 병원 ｜ **英語(えいご)** 영어 ｜
> **習(なら)う** 배우다 ｜ **日本語(にほんご)** 일본어 ｜ **ずっと** 쭉, 계속 ｜ **待(ま)つ** 기다리다 ｜
> **電話(でんわ)** 전화 ｜ **エアコン** 에어컨 ｜ **つける** 켜다 ｜ **窓(まど)** 창문 ｜ **開(あ)ける** 열다

▶ MP3 2-56 따라읽기 MP3 2-57

9月 14日 火曜日 雨
① ② ③

今日は 朝から 雨だった。 家族は 外に 出かけて いて、 誰も いなかった。
④   ⑤   ⑥   ⑦   ⑧   ⑨   ⑩   ⑪   ⑫

一人では つまらなくて、 友だちの 健二に 電話した。
⑬   ⑭   ⑮   ⑯   ⑰

1時間後、 健二が 家に 来た。
⑱   ⑲   ⑳   ㉑

僕らは 一緒に サッカーの 試合を 見たり ゲームを したり した。
㉒   ㉓   ㉔   ㉕   ㉖   ㉗   ㉘   ㉙

そういえば、 去年 健二と サッカーを 見に 行った ことが ある。
㉚   ㉛   ㉜   ㉝   ㉞   ㉟   ㊱   ㊲

やはり、 サッカーは テレビで 見るより 生で 見た ほうが いいと 思った。
㊳   ㊴   ㊵   ㊶   ㊷   ㊸   ㊹   ㊺   ㊻

外は 雨だったが、 今日は とても 楽しい 一日だった。
㊼   ㊽   ㊾   ㊿   ⓝ   ⓝ

어휘력 쑥쑥 키우기!

火曜日(かようび) 화요일	電話(でんわ)する 전화하다	そういえば 생각해 보니
雨(あめ) 비	~時間後(じかんご) ~시간 후	去年(きょねん) 작년
朝(あさ) 아침	僕(ぼく)ら 우리(남자끼리 씀)	やはり 역시
~から ~부터	一緒(いっしょ)に 함께	生(なま)で 직접
外(そと) 밖	サッカー 축구	~と 思(おも)う ~라고 생각하다
出(で)かける 나가다, 외출하다	試合(しあい) 시합, 경기	楽(たの)しい 즐겁다
つまらない 심심하다, 지루하다	ゲーム 게임	一日(いちにち) 하루

9월 14일 화요일 비
① ② ③

오늘은 아침부터 비가 내렸다. 가족은 바깥에 외출해 있고 아무도 없었다.
④ ⑤ ⑥ ⑦ ⑧ ⑨ ⑩ ⑪ ⑫

혼자서는 심심해서, 친구인 겐지에게 전화했다.
⑬ ⑭ ⑮ ⑯ ⑰

1시간 후, 겐지가 집으로 왔다.
⑱ ⑲ ⑳ ㉑

우리는 함께 축구 경기를 보기도 하고 게임을 하기도 했다.
㉒ ㉓ ㉔ ㉕ ㉖ ㉗ ㉘ ㉙

그러고 보니, 작년에 겐지와 축구를 보러 간 적이 있다.
㉚ ㉛ ㉜ ㉝ ㉞ ㉟ ㊱ ㊲

역시, 축구는 텔레비전으로 보는 것보다 직접 보는 것이 더 좋다고 생각했다.
㊳ ㊴ ㊵ ㊶ ㊷ ㊸ ㊹ ㊺ ㊻

밖은 비가 왔지만, 오늘은 매우 즐거운 하루였다.
㊼ ㊽ ㊾ ㊿ (51) (52)

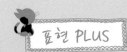

표현 PLUS

★ **友だちの 健二** 친구인 겐지

여기서 쓰인 「の」는 앞뒤에 쓰인 두 개의 명사가 서로 같은 것이라는 '동격'을 나타내는 용법으로 쓰였습니다. 우리말로는 '~인'으로 해석합니다.

★ **そういえば** 그러고 보니

이 표현은 상대방이 말한 내용을 듣고 그 내용에 적합한 대답을 하려고 할 때나 말하는 사람이 문득 머릿속에 떠오른 생각을 전하고자 할 때 쓰는 접속사입니다. 직역하여 '그렇게 말하면'이라고 잘못 해석하지 않도록 주의하세요.

연습문제 1

01 다음 빈칸에 들어갈 알맞은 말을 〔보기〕 중에서 골라 써 보세요.

> 보기 　見た　　行った　　電話した　　見たり

1 友だちの 健二に (　　　　　　　)。

2 試合を (　　　　　　　) ゲームを したり した。

3 サッカーを 見に (　　　　　　　) ことが ある。

4 テレビで 見る より 生で (　　　　　　　) ほうが いい。

02 다음 동사의 기본형을 「～た」의 형태로 바꾸어 써 보세요.

1 よむ(읽다) → (　　　　　)　　2 おす(밀다) → (　　　　　)

3 きく(듣다) → (　　　　　)　　4 ねる(자다) → (　　　　　)

5 とぶ(날다) → (　　　　　)　　6 する(하다) → (　　　　　)

7 いく(가다) → (　　　　　)　　8 かう(사다) → (　　　　　)

9 ある(있다) → (　　　　　)　　10 くる(오다) → (　　　　　)

03 다음 밑줄 친 동사의 기본형을 た형을 이용하여 의미에 맞도록 바꾸어 써 보세요.

1 歌を うたう → (　　　　　)り する。 노래를 부르거나 한다.

2 早く ねる → (　　　　　) ほうが いい。 자는 것이 더 좋다.

3 ビールを のむ → (　　　　　) ことが ある。 마신 적이 있다.

4 ごみを すてる → (　　　　　) ことが ない。 버린 적이 없다.

_{문자} **01** 다음 밑줄 친 부분 중 한자는 히라가나로, 히라가나는 한자로 알맞게 바꾼 것을
①〜④ 중에서 골라 보세요.

1 友_{とも}だちの 健_{けんじ}二に 電話した。

　① でんは　　　② でんわ　　　③ てんわ　　　④ てんは

2 しあいを 見_みたり ゲームを したりした。

　① 地合　　　② 試会　　　③ 試合　　　④ 地会

_{문법} **02** ＿＿＿★＿＿에 들어갈 알맞은 말을 ①〜④ 중에서 골라 보세요.

1 薬_{くすり}を 飲_のむ ＿＿＿＿ ＿＿＿＿ ＿★＿ ＿＿＿＿ いい。

　① 病院_{びょういん}に　② 行_いった　　③ ほうが　　　④ より

2 サッカーを ＿＿＿＿ ＿＿＿＿ ＿★＿ ＿＿＿＿。

　① 見_みに　　　② ある　　　③ ことが　　　④ 行_いった

_{청해} **03** 잘 듣고, 내용과 맞는 문장을 ①〜③ 중에서 골라 보세요. MP3 2-58

　① 今日_{きょう}は 昼_{ひる}から 雨_{あめ}だった。

　② 友達_{ともだち}の 健二_{けんじ}と 外_{そと}に 出_でかけた。

　③ 健二_{けんじ}と サッカーを 見_みに 行_いった ことが ある。

잘못 읽기 쉬운 가타카나어 운동경기 이름

● **축구** サッカー

> **Tip** '월드컵'은 「ワールドカップ」라고 합니다.

● **농구** バスケットボール 〔줄여서 말할 때는 「バスケ」라고 합니다.〕

● **배구** バレーボール 〔줄여서 말할 때는 「バレー」라고 합니다.〕

> **Tip** 「バレー」는 '배구'를 뜻하며, 「バレエ」는 '발레'를 뜻합니다.

발음은 같지만 표기가 다르므로 잘못 쓰지 않도록 주의하세요.

● **골프** ゴルフ   **Tip** 우리말처럼 「ゴルブ」라고 하면 안 됩니다.

● **마라톤** マラソン   **Tip** 우리말처럼 「マラトン」이라고 하면 안 됩니다.

● **스케이트** スケート   **Tip** 우리말처럼 「スケイト」라고 하면 안 됩니다.

● **스키** スキー   **Tip** 우리말과 다르게 반드시 맨 뒤에 장음(-)을 붙여서 읽습니다.

● **스노보드** スノーボード 〔줄여서 말할 때는 「スノボ」라고 합니다.〕

● **테니스** テニス

● **배드민턴** バドミントン

마무리! 확인하기

☐ 友達の 健二に ⬜⬜⬜⬜ 。 친구인 겐지에게 전화했다.

☐ 試合を ⬜⬜⬜⬜ ゲームを ⬜⬜⬜⬜ 。

시합을 보기도 하고 게임을 하기도 했다.

☐ サッカーを 見に ⬜⬜⬜⬜⬜⬜ 。 축구를 보러 간 적이 있다.

☐ テレビで 見る より 生で ⬜⬜⬜⬜⬜ 。

텔레비전으로 보는 것보다 직접 보는 것이 (더) 좋다.

학습 목표
- 동사의 가능형 : 1그룹 / 2그룹 / 3그룹 동사
- 전문 : 모든 품사의 사전형 + そうです
- 가능 : 동사 기본형 + ～ことが できます
- 추측 : 동사 ます형 / 형용사 어간 + そうです

MP3 **2-59**

01

木村さんの 送別会が ある そうです。
（き むら）　（そう べつ かい）

기무라 씨의　　　송별회가　　있다고　　합니다.

반말은 이렇게 말해요! 木村さんの 送別会が ある そうだよ. 기무라 씨의 송별회가 있대.
（き むら）　（そう べつかい）

명사＋だ/동사/い・な형용사 기본형＋そうです ~라고 합니다 (전문)

이 표현은 다른 사람한테 전해 들어서 알게 되었거나 신문, 책 등의 어떤 매체로부터 읽어서 알게 된 정보를 상대방에게 전해주고자 할 때 씁니다. 동사, い형용사, な형용사의 기본형 뒤에 연결되며 **ない형**과 **た형** 뒤에도 연결될 수 있습니다. 특히 명사의 경우는 「**~だそうです**」의 형태로 연결되므로 연결 형태에 주의하세요.

예 〔동사〕　明日は 雨が 降るそうです。
（あした）　（あめ）（ふ）
내일은 비가 내린다고 합니다.

〔い형용사〕テストは とても 難しかったそうです。
（むずか）
시험은 매우 어려웠다고 합니다.

〔な형용사〕彼女は 学校で 有名だそうです。
（かのじょ）（がっこう）（ゆうめい）
그녀는 학교에서 유명하다고 합니다.

〔명사〕　日本語の 先生は 男の人だそうです。
（に ほん ご）（せんせい）（おとこ）（ひと）
일본어 선생님은 남자라고 합니다.

word

送別会(そうべつかい)
송별회

雨(あめ) 비

降(ふ)る 내리다

難(むずか)しい 어렵다

有名(ゆうめい)だ
유명하다

男(おとこ)の人(ひと)
남자

02 金さんも 来られますか。

김 씨도 올 수 있습니까?

🐱 반말은 이렇게 말해요! 金さんも 来られるの? 김 씨도 올 수 있어?

📘 동사의 가능형

동사의 가능형이란 어떤 행동이나 동작을 할 수 있다는 '가능'의 의미를 가진 형태를 말합니다. 동사의 종류에 따라 가능형을 만드는 활용 규칙이 다르므로 해당 동사가 어느 그룹의 동사인 지를 정확히 알고 있어야 합니다.

📘 1그룹 동사의 가능형

1그룹 동사의 가능형을 만들려면, 어미를 'え단'으로 바꾼 후에 「る」를 붙이면 됩니다.

어미가 「る」가 아닌 1그룹 동사	어미가 「る」인 1그룹 동사
▶ あう(会う) ⇒ あえる (만나다)　　　(만날 수 있다)	〈あ단 + る〉 あがる(上がる) ⇒ あがれる (올라가다)　　　(올라갈 수 있다)
▶ かく(書く) ⇒ かける (쓰다)　　　(쓸 수 있다)	
▶ たつ(立つ) ⇒ たてる (일어서다)　　　(일어설 수 있다)	〈う단 + る〉 つくる(作る) ⇒ つくれる (만들다)　　　(만들 수 있다)
▶ あそぶ(遊ぶ) ⇒ あそべる (놀다)　　　(놀 수 있다)	〈お단 + る〉 とる(取る) ⇒ とれる (잡다)　　　(잡을 수 있다)
▶ よむ(読む) ⇒ よめる (읽다)　　　(읽을 수 있다)	

> **Tip**
>
> 동사의 가능형은 앞에 오는 목적어 뒤의 조사를 「~を(~을/를)」가 아닌 「~が(~이/가)」를 써야 합니다. 틀리기 쉬우므로 꼭 기억해 두세요.

2그룹 동사의 가능형

2그룹 동사의 가능형을 만들려면, 어미「る」를 없애고 바로 뒤에「られる」를 붙이면 됩니다.

어미「る」앞이 い단인 2그룹 동사	어미「る」앞이 え단인 2그룹 동사
▶ みる(見る)　⇒ みられる 　(보다)　　　　(볼 수 있다)	▶ たべる(食べる) ⇒ たべられる 　(먹다)　　　　　(먹을 수 있다)
▶ きる(着る)　⇒ きられる 　(입다)　　　　(입을 수 있다)	▶ ねる(寝る)　⇒ ねられる 　(자다)　　　　(잘 수 있다)
▶ かりる(借りる) ⇒ かりられる 　(빌리다)　　　　(빌릴 수 있다)	▶ あげる(上げる) ⇒ あげられる 　(올리다)　　　　(올릴 수 있다)

3그룹 동사의 가능형

3그룹 동사인「する」(하다)와「くる」(오다)는 다른 동사와는 다르게 활용 규칙이 적용되지 않는 불규칙 동사이므로, 각 기본형의 가능형을 있는 그대로 외워야 합니다.

する	くる
▶ する ⇒ できる 　(하다)　(할 수 있다)	▶ くる(来る) ⇒ こられる 　(오다)　　　(올 수 있다)

Tip

「くる(来る)」의 가능형은 ない형과 함께 어간을「こ」로 읽습니다. 또한,「する」의 가능형도「し」가 들어가지 않는「できる」가 됩니다. 잘못 읽지 않도록 주의하세요.

03

ちょっと 行^いく ことが できません。
좀　　　갈　수가　　　없습니다.

반말은 이렇게 말해요! ちょっと 行^いく ことが できないんだ。 좀 갈 수가 없어.

동사 기본형 + ことが できます ~할 수가 있습니다 (가능)

동사를 가능형으로 바꾸지 않고, 동사의 기본형 뒤에 「ことが できます」를 연결만 해도 '~할 수가 있습니다'라는 가능의 의미가 됩니다. '~할 수가 없습니다'라는 부정의 뜻은 「できます」 대신에 「できません」을 씁니다. 이때 주의할 점은 앞에 오는 목적어의 조사로 「~が(~이/가)」가 아닌 「~を(~을/를)」를 그대로 써야 한다는 점입니다. 잘못 쓰지 않도록 주의하세요.

예　名前^{なまえ}を 書^かく。 ⇒ 名前^{なまえ}を 書^かく ことが できます。
　　이름을 쓰다.　　　　　　이름을 쓸 수가 있습니다.

　　テレビを 見^みる。 ⇒ テレビを 見^みる ことが できます。
　　텔레비전을 보다.　　　　　텔레비전을 볼 수가 있습니다.

word

名前(なまえ) 이름

MP3 **2-59**

04 楽(たの)しい 会(かい)に なり そうです。
즐거운 모임이 될 것 같습니다.

🐱 **반말은 이렇게 말해요!** 楽(たの)しい 会(かい)に なり そう。 즐거운 모임이 될 것 같아.

~に なる ~이/가 되다, ~해지다, ~하게 되다 (상태 변화)

이 표현은 명사, い・な형용사, 동사의 모든 품사 뒤에 연결될 수 있는데, 어떠한 상태로 바뀌게 되는 변화를 나타내는 표현입니다. 각 품사에 연결되는 형태는 아래와 같습니다.

예 〔명사 : 명사 + ~に なる〕 大学生(だいがくせい)に なる。 대학생이 되다.

〔な형용사 : 어간 + ~に なる〕 静(しず)かに なる。 조용해지다.

〔い형용사: 어간 + ~く なる〕 小(ちい)さく なる。 작아지다.

〔동사 : 사전형 + ように なる〕 行(い)く ように なる。 가게 되다.

동사 ます형/い・な형용사 어간 + そうです ~할 것 같습니다 (추측)

이 표현은 어떠한 일이나 상황이 곧 일어날 것 같은 경우에 쓰이는데, 주로 말하는 사람이 상황을 판단하거나 예측할 때 씁니다. 동사의 경우는 ます형 뒤에 연결되는데, い형용사와 な형용사는 모두 어미를 뺀 어간 뒤에 연결되므로 연결 형태에 주의하세요.

예 〔동사〕 いまにも 雪(ゆき)が 降(ふ)りそうです。
당장이라도 눈이 내릴 것 같습니다.

〔い형용사〕 この キムチは とても 辛(から)そうです。
이 김치는 매우 매울 것 같습니다.

〔な형용사〕 それは 危険(きけん)そうです。
그것은 위험할 것 같습니다.

Tip

동사의 '사전형'이란 기본형, ない형, た형 등 모든 시제 형태를 가리킵니다.

Tip

예외적으로 「ない」에 측의 「そうだ」가 연결 때는 「なさそうだ」의 태가 되어야 합니다. 한, 명사에는 추측의 「うだ」는 사용할 수 없니다.

word

楽(たの)しい 즐겁다
いまにも 당장이라도
雪(ゆき) 눈
キムチ 김치
辛(から)い 맵다
危険(きけん)だ
위험하다

동사의 가능형을 만드는 두 가지 방법의 차이점

동사의 가능형을 만드는 방법에는 '동사를 가능형 동사로 바꾸는 방법'과 '동사 뒤에 가능의 뜻을 가진 문형을 연결하는 방법'의 두 가지가 있습니다. 이 두 가지 방법에 대한 차이점은 아래와 같습니다.

분류	동사를 가능형 동사로 바꾸는 방법	동사 뒤에 가능의 뜻을 가진 문형을 연결하는 방법
형태	〔동사의 가능형〕 1그룹 동사 – 어미 え단 + る 2그룹 동사 – 어미 빼고 + られる 3그룹 동사 – する - できる 　　　　　　　来る - 来られる	〔모든 동사의 기본형〕 　　　　+ ことが できる
특징	모든 동사의 가능형은 2그룹 동사의 활용을 한다. 즉, 1그룹 동사의 가능형은 2그룹 동사가 된다.	동사 뒤에 「ことが できる」가 연결되기 때문에 2그룹 동사의 활용을 한다.

〈비교 및 정리〉

〔1그룹 동사〕書く (쓰다)　　　⇒ 書ける ＝ 書く ことが できる (쓸 수 있다

　　　　　　上がる (올라가다) ⇒ 上がれる ＝ 上がる ことが できる (올라갈 수 있다)

〔2그룹 동사〕見る (보다)　　⇒ 見られる ＝ 見る ことが できる (볼 수 있다)

　　　　　　食べる (보다) ⇒ 食べられる ＝ 食べる ことが できる (먹을 수 있다)

〔3그룹 동사〕する (하다) ⇒ できる ＝ する ことが できる (할 수 있다)

　　　　　　来る (하다) ⇒ 来られる ＝ 来る ことが できる (올 수 있다)

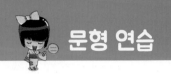

1

<ruby>木村<rt>き むら</rt></ruby>さんの <ruby>送別会<rt>そう べつ かい</rt></ruby>が ある そうです。

기무라 씨의 송별회가 있다고 합니다.

① <ruby>雨<rt>あめ</rt></ruby>が <ruby>降<rt>ふ</rt></ruby>る

② <ruby>買<rt>か</rt></ruby>い<ruby>物<rt>もの</rt></ruby>を する

③ <ruby>鈴木<rt>すず き</rt></ruby>さんは <ruby>休<rt>やす</rt></ruby>む

④ <ruby>韓国<rt>かん こく</rt></ruby>に <ruby>来<rt>く</rt></ruby>る

> word
>
> **雨(あめ)が 降(ふ)る** 비가 내리다 | **買(か)い物(もの)** 장보기, 쇼핑 | **休(やす)む** 쉬다 |
> **韓国(かんこく)** 한국

2

<ruby>金<rt>キム</rt></ruby>さんも <ruby>来<rt>こ</rt></ruby>られますか。

김 씨도 올 수 있습니까?

① <ruby>水<rt>みず</rt></ruby> — <ruby>飲<rt>の</rt></ruby>む

② <ruby>住所<rt>じゅうしょ</rt></ruby> — <ruby>言<rt>い</rt></ruby>う

③ <ruby>今日<rt>きょう</rt></ruby> — <ruby>遊<rt>あそ</rt></ruby>ぶ

④ これ — <ruby>買<rt>か</rt></ruby>う

> word
>
> **水(みず)** 물 | **飲(の)む** 마시다 | **住所(じゅうしょ)** 주소 | **言(い)う** 말하다 |
> **今日(きょう)** 오늘 | **遊(あそ)ぶ** 놀다 | **買(か)う** 사다

3

ちょっと 行(い)く ことが できません。

좀 갈 수가 없습니다.

① ピアノを ひく
② 車(くるま)を 運転(うんてん)する
③ 中国語(ちゅうごくご)を 話(はな)す
④ ワインを 飲(の)む

> word ピアノ 피아노 | ひく (악기를) 연주하다 | 車(くるま) 차 | 運転(うんてん)する 운전하다 |
> 中国語(ちゅうごくご) 중국어 | 話(はな)す 말하다 | ワイン 와인, 포도주

MP3 **2-63**

4

当日(とうじつ)は、楽(たの)しい 会(かい)に なりそうです。

그날은 즐거운 모임이 될 것 같습니다.

① 来年(らいねん) ― 恋人(こいびと)が できる
② 明日(あした) ― 雪(ゆき)が 降(ふ)る
③ 今度(こんど)の 試験(しけん) ― 難(むずか)しい
④ 彼(かれ) ― 英語(えいご)が 上手(じょうず)だ

> word 来年(らいねん) 내년 | 恋人(こいびと) 애인 | できる 생기다 | 明日(あした) 내일 |
> 雪(ゆき) 눈 | 降(ふ)る 내리다 | 今度(こんど) 이번 | 試験(しけん) 시험 |
> 難(むずか)しい 어렵다 | 英語(えいご) 영어 | 上手(じょうず)だ 잘하다, 능숙하다

▶ MP3 2-64　　따라읽기 MP3 2-65

林　今週の 金曜日、木村さんの 送別会が ある そうです。
　　①　　②　　　③　　　　④　　　⑤　　　⑥

キム　金さんも 来られますか。
　　　⑦　　　　⑧

金　すみません。その 日は ちょっと 行く ことが できません。
　　⑨　　　　⑩　⑪　　⑫　　⑬　⑭　　　⑮

林　えっ、どうしてですか。
　　⑯　　⑰

金　金曜日から 出張で…。
　　⑱　　　　⑲

林　それは 本当に 残念ですね。
　　⑳　　㉑　　㉒

　　当日は 楽しい 会に なりそうですが…。
　　㉓　　㉔　　㉕　㉖　　㉗

金　私も ぜひ 行きたいんですけど。
　　㉘　㉙　　㉚

　　木村さんに よろしく 伝えて ください。
　　㉛　　　　㉜　　　㉝　　㉞

어휘력 쑥쑥 키우기!

今週(こんしゅう) 이번 주	出張(しゅっちょう) 출장	～たい ~하고 싶다
金曜日(きんようび) 금요일	本当(ほんとう)に 정말	～けど ~지만, ~인데
送別会(そうべつかい) 송별회	残念(ざんねん)だ 아쉽다, 안타깝다	～には ~에게는
すみません 죄송합니다	当日(とうじつ) 당일, 그날	よろしく 잘
その日(ひ) 그날	会(かい) 모임	伝(つた)える 전하다
えっ 엣?	～が ~지만, ~인데	
どうして 어째서, 왜	ぜひ 꼭	

208

하야시	이번 주 금요일에 기무라 씨의 송별회가 있다고 합니다.
	① ② ③ ④ ⑤ ⑥
	김 씨도 올 수 있습니까?
	⑦ ⑧
김	죄송합니다. 그 날은 좀 갈 수가 없습니다.
	⑨ ⑩ ⑪ ⑫ ⑬ ⑭ ⑮
하야시	엣? 왜 못 오세요?
	⑯ ⑰
김	금요일부터 출장이라서……
	⑱ ⑲
하야시	그건 정말 아쉽네요.
	⑳ ㉑ ㉒
	그날은 즐거운 모임이 될 것 같습니다만……
	㉓ ㉔ ㉕ ㉖ ㉗
김	저도 꼭 가고 싶습니다만.
	㉘ ㉙ ㉚
	기무라 씨에게 잘 전해 주세요.
	㉛ ㉜ ㉝ ㉞

표현 PLUS

★ そうです ~라고 합니다

이 표현은 동사의 기본형을 비롯하여 ない형과 た형 뒤에 연결되는데, 다른 곳에서 전해 들었거나 알게 된 내용을 상대방에게 알려 주거나 전하고자 할 때 쓰는 표현입니다. 참고로, 동사 ます형 뒤에 「そうです」가 연결되면 '~할 것 같습니다'라는 전혀 다른 뜻이 되므로 주의하세요.

★ 会(かい) 모임

이 단어는 '모임, 단체'라는 뜻으로, 단독으로도 쓰이지만 명사 뒤에 연결되면 「~の会(かい)」의 형태로도 쓰이고 동사의 경우는 ます형 뒤에 연결됩니다. 예를 들어 '술 모임'은 「飲(の)み会(かい)」라고 합니다.

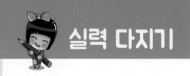

연습문제 1

01 다음 빈칸에 들어갈 알맞은 말을 〔보기〕 중에서 골라 써 보세요.

> 보기   なりそうです   ことが できません   来られます

1 ちょっと 行く (   )。

2 金さんも (   )か。

3 楽しい 会に (   )。

02 다음 밑줄 친 동사의 기본형을 의미에 맞도록 가능형으로 바꾸어 써 보세요.

1 水を のむ → 水が (   )。 물을 마실 수 있다.

2 本を かりる → 本を (   )。 책을 빌릴 수 있다.

3 運動を する → 運動が (   )。 운동을 할 수 있다.

4 学校に くる → 学校に (   )。 학교에 올 수 있다.

03 다음 밑줄 친 부분의 우리말 의미에 해당하는 일본어를 써 보세요.

1 ピアノを _____ ことが できません。
            칠

2 送別会_____ 来られますか。
            에

3 明日 雨が _____。
            내릴 것 같습니다

210

문자 **01** 다음 밑줄 친 부분 중 한자는 히라가나로, 히라가나는 한자로 알맞게 바꾼 것을
①~④ 중에서 골라 보세요.

1 木村さんの 送別会が ある そうです。

① そうへつかい ② そうべつかい ③ そべつかい ④ そへつかい

2 たのしい 会に なりそうです。

① 楽しい ② 新しい ③ 美しい ④ 悲しい

문법 **02** _____★_____에 들어갈 알맞은 말을 ①~④ 중에서 골라 보세요.

1 今週の 金曜日 _____ _____★_____ _____ _____です。

① ある ② 木村さんの ③ そう ④ 送別会が

2 車_____ _____ ___★___ _____。

① ことが ② を ③ 運転する ④ できません

청해 **03** 잘 듣고, B의 대답으로 알맞은 것을 ①~③ 중에서 골라 보세요. MP3 2-66

1 A：金さんも 送別会に 来られますか。

B：①   ②   ③

2 A：当日は 楽しい 会に なりそうですが。

B：①   ②   ③

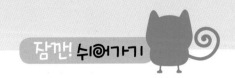

必ず・きっと・ぜひ의 차이점

이 세 가지 표현은 모두 '반드시, 꼭'이라는 뜻으로 쓰이는 부사인데, 각각 그 쓰임새와 뉘앙스에 차이점이 있습니다.

必ず 반드시, 틀림없이	기대감 100%	〔그렇지 않을 가능성이 전혀 없는 경우〕 = 무언가를 매우 강하게 요구할 때
きっと 꼭, 분명히	기대감 70~80%	〔그렇지 않을 가능성이 어느 정도 있는 경우〕 = 무언가를 아주 많이 기대할 때
ぜひ 꼭	기대감이 주관적임	〔말하는 사람의 희망이나 바람을 나타내는 경우〕 = 무언가를 의지를 가지고 상대방에게 권유할 때

예 꼭 와 주세요.

必ず パーティーに 来て ください。〈강제성을 가지고 무조건 오라고 강하게 요구함〉

きっと パーティーに 来て ください。〈오지 않을 수도 있지만, 강한 기대를 가지고 요구함〉

ぜひ パーティーに 来て ください。〈올지 안 올지는 상관없이, 말하는 사람의 생각만으로

와 주기를 바란다고 희망함〉

마무리! 확인하기

☐ 木村さんの 送別会が [＿＿＿＿＿＿]。 기무라 씨의 송별회가 있다고 합니다

☐ 金さんも [＿＿＿＿＿] か。 김 씨도 올 수 있습니까?

☐ ちょっと [＿＿＿＿＿＿]。 좀 갈 수가 없습니다

☐ 当日は 楽しい 会に [＿＿＿＿]。 그날은 즐거운 모임이 될 것 같습니다

MP3 **2-67**

01
<ruby>一人<rt>ひとり</rt></ruby>で <ruby>日本<rt>に ほん</rt></ruby>に <ruby>行<rt>い</rt></ruby>こうと <ruby>思<rt>おも</rt></ruby>います。
혼자서   일본에   가려고   생각합니다.

반말은 이렇게 말해요! <ruby>一人<rt>ひとり</rt></ruby>で <ruby>日本<rt>に ほん</rt></ruby>に <ruby>行<rt>い</rt></ruby>こうと <ruby>思<rt>おも</rt></ruby>うんだ。 혼자서 일본에 가려고 생각해.

동사의 의지형

동사의 의지형은 말하는 사람의 생각이나 의견, 의지 등을 나타낼 때 씁니다. 동사의 종류에 따라 활용 규칙이 다르므로 잘 알아둡시다.

동사의 종류	동사의 의지형을 만드는 방법
1그룹 동사	**어미를 'お단'으로 바꾼 후 + う** ▶ か<u>く</u>(書く)　⇒ か<u>こ</u>う 　(쓰다)　　　　（쓰자) ▶ ま<u>つ</u>(待つ)　⇒ ま<u>と</u>う 　(기다리다)　　 (기다리자) ▶ つく<u>る</u>(作る) ⇒ つく<u>ろ</u>う 　(만들다)　　　 (만들자)
2그룹 동사	**어미 「る」를 없앤 후 + よう** ▶ <u>み</u>る(見る)　⇒ <u>み</u>よう 　(보다)　　　　（보자) ▶ <u>たべ</u>る(食べる) ⇒ <u>たべ</u>よう 　(먹다)　　　　（먹자)
3그룹 동사	활용 규칙이 적용되지 않는 불규칙 동사이므로, 각 기본형의 의지형을 있는 그대로 외워야 합니다. ▶ する　　　⇒ しよう 　(하다)　　　 (하자) ▶ くる(来る) ⇒ こよう 　(오다)　　　 (오자)

Tip

동사의 의지형 자체는 반말 표현입니다. 정중하게 말하려면 동사의 ます형 뒤에 「~ましょう」를 연결하여 '~합시다'의 권유 표현을 사용하면 됩니다.

word

一人(ひとり)で 혼자서
思(おも)う 생각하다

🔊 동사 의지형 + ～(よ)うと 思(おも)います ~하려고 생각합니다

이 표현은 동사의 의지형 뒤에 연결되는데, 앞으로의 미래 시점에서 어떤 일이나 행동을 하려고 마음 속으로 생각하고 있는 경우에 씁니다. 실제 행동으로 옮기지는 않고 일단 생각만 가지고 있는 경우에 씁니다.

예 手紙(てがみ)を 書(か)こうと 思(おも)います。 편지를 쓰려고 생각합니다.

今(いま)から 寝(ね)ようと 思(おも)います。 지금부터 자려고 생각합니다.

勉強(べんきょう)を しようと 思(おも)います。 공부를 하려고 생각합니다.

韓国(かんこく)に 来(こ)ようと 思(おも)います。 한국으로 오려고 생각합니다.

word

手紙(てがみ) 편지
今(いま)から 지금부터
寝(ね)る 자다
勉強(べんきょう) 공부
韓国(かんこく) 한국

MP3 **2-67**

02

今日 予約を しようと しましたが…。
오늘　　예약을　　하려고　　　했습니다만…….

반말은 이렇게 말해요! 今日 予約を しようと したんだけど……。
오늘 예약을 하려고 했는데…….

동사 의지형 + ～(よ)うと します　~하려고 합니다

이 표현은 동사의 의지형 뒤에 연결되는데, 앞으로의 미래 시점에서 어떤 일이나 행동을 실제로 해 보려고 하는 경우에 씁니다. 「～(よ)うと 思います(~하려고 생각합니다)」와 다른 점은 해당 동사의 행동을 실제로 한다는 행동성에 중점을 두고 있다는 점입니다.

예　手紙を 送ろうと しましたが、切手が ありませんでした。
편지를 보내려고 했습니다만, 우표가 없었습니다.

今から 寝ようと しましたが…。 이제부터 자려고 했습니다만…….

勉強を しようと しましたが…。 공부를 하려고 했습니다만…….

韓国に 来ようと しましたが…。 한국으로 오려고 했습니다만…….

word

予約(よやく) 예약

送(おく)る 보내다

03

漢字は たくさん 書けば 上達しますよ。

한자는　　　　많이　　　　쓰면　　　(실력이) 향상될 거예요.

반말은 이렇게 말해요!　漢字は たくさん 書けば 上達するよ。
한자는 많이 쓰면 (실력이) 향상될 거야.

동사의 가정형(1) : 〜ば　~하면, ~한다면

동사의 가정형 중에서 「〜ば」는 말하는 사람의 생각이나 의지를 나타내는 주관적인 가정을 하는 경우에 쓰입니다. 보통 「〜ば」 앞에는 앞으로 일어날 상황을 가정하는 조건을 제시하고, 「〜ば」 뒤에는 앞에서 제시한 가정 조건의 결과에 대한 주관적인 의견을 말합니다. 따라서, 「〜ば」가 들어있는 문장은(만약 그렇다고 가정하면) ~하고 싶다, ~할 것이다, ~하려고 (생각)한다와 같은 문장으로 쓰이는 경우가 많습니다. 「〜ば」도 동사, 명사, い・な형용사에 연결될 수 있으며, 활용 규칙을 잘 기억해 둡시다.

〔명사 : 명사 + ならば〕　学生ならば 학생이라면

〔な형용사 : 어간 + ならば〕　便利ならば 편리하다면

〔い형용사 : 어간 + ければ〕　多ければ 많다면

〔동사 : 어미를 'え단'으로 바꾼 후 + ば〕

（1그룹 동사）会えば　聞けば　呼べば　作れば
　　　　　　만난다면　듣는다면　부른다면　만든다면

（2그룹 동사）見れば 보면　　食べれば 먹으면

（3그룹 동사）すれば 하면　　来れば 오면

예　それが 便利ならば たくさん 買いたいです。
그것이 편리하다면 많이 사고 싶습니다.

テレビを 見れば すぐ わかります。 텔레비전을 보면 금방 압니다.

Tip

「いい(좋다)」 뒤에 「〜ば」를 연결하는 경우는 「いければ」가 아니라 「よければ」의 형태가 되므로 잘못 쓰지 않도록 주의하세요.

word

漢字(かんじ) 한자
たくさん 많이
上達(じょうたつ)する
향상되다
学生(がくせい) 학생
便利(べんり)だ
편리하다
多(おお)い 많다
すぐ 바로, 금방
わかる 알다

MP3 **2-67**

04

卒業したら 就職したいです。
そつぎょう　　　　しゅうしょく

졸업하면　　　　취직하고 싶습니다.

반말은 이렇게 말해요! 卒業したら 就職したい。
そつぎょう　しゅうしょく

졸업하면 취직하고 싶어.

🔍 동사의 가정형(2) : ～たら　~하면, ~한다면

동사의 가정형 중에서 가장 폭넓게 쓰이는 「～たら」는 말하는 사람이 비교적 확실하다고 생각하는 상황이나 행동을 가정할 때 씁니다. 「～たら」는 동사, 명사, い・な형용사에 연결될 수 있는데, 「～た」로 시작되므로 각 품사의 た형 뒤에 연결하면 됩니다.

예 〔명사 : 명사 + だったら〕　　　　会社員だったら 회사원이라면
　　　　　　　　　　　　　　　　かいしゃいん

〔な형용사 : 어간 + だったら〕　　有名だったら 유명하다면
　　　　　　　　　　　　　　　　ゆうめい

〔い형용사 : 어간 + かったら〕　　広かったら 넓으면
　　　　　　　　　　　　　　　　ひろ

〔동사 : た형 + たら〕(1그룹 동사)　会ったら　聞いたら　呼んだら
　　　　　　　　　　　　　　　　　あ　　　　き　　　　　よ
　　　　　　　　　　　　　　　　만나면　　들으면　　부르면

　　　　　　　　　(2그룹 동사) 見たら 보면　食べたら 먹으면
　　　　　　　　　　　　　　み　　　　　た

　　　　　　　　　(3그룹 동사) したら 하면　来たら 오면
　　　　　　　　　　　　　　　　　　　　き

예 部屋が 広かったら つくえが ほしいです。
へや　ひろ

방이 넓으면 책상을 갖고 싶습니다.

先生が 来たら 話します。 선생님이 오면 이야기하겠습니다.
せんせい　き　　はな

word

卒業(そつぎょう)
졸업

就職(しゅうしょく)
취직

会社員(かいしゃいん)
회사원

有名(ゆうめい)だ
유명하다

広(ひろ)い 넓다

部屋(へや) 방

～が ほしい ～을/를 원하다, ～을/를 갖고 싶다

동사의 가정 표현에 대한 정리

일본어 동사의 가정 표현은 '~하면, ~한다면, ~라면' 등으로 해석되는데, 「~たら・~ば・~と・~なら」의 네 가지가 있습니다. 각 표현에 따라 쓰임새가 다르므로 잘 알아둡시다.

분류	특징 및 예문
~たら	확실하게 가정할 수 있는 경우에 쓰며, 쓰이는 범위가 가장 포괄적이라서 가정 표현 중에서 가장 널리 쓰이고 있다. 〔활용 규칙〕 동사 た형 + ~たら ⟨예⟩ お金が あったら 貸して ください。 돈이 있다면 빌려 주세요.
~ば	주로 주관적인 판단에 의해 가정하는 경우에 쓰며, 예상이 가능한 가정이거나 반대되는 상황을 가정할 때 쓰인다. 〔활용 규칙〕 동사의 어미를 'え단'으로 바꾼 후 + ~ば ⟨예⟩ 本を 読めば 意味が わかります。 책을 읽으면 뜻을 알 수 있습니다.
~と	주로 객관적이고 논리적인 당연한 진리(자연현상, 반복적인 습관, 수의 계산)에 대해 쓴다. 말하는 사람의 주관적인 의견이나 느낌은 포함되지 않는다. 〔활용 규칙〕 동사의 기본형 / ない형 + ~と ⟨예⟩ 春に なると 花が 咲きます。 봄이 되면 꽃이 핍니다.
~なら	주로 상대방에게 조언이나 충고를 할 때, 그리고 뭔가를 요구할 때 쓰는데, '~할 거라면'이라고 해석되는 경우가 많다. 〔활용 규칙〕 동사의 기본형 / ない형 + ~なら ⟨예⟩ そこに 行くなら 一緒に 行きましょう。 그곳에 갈 거라면 함께 갑시다.

word

お金(かね) 돈
貸(か)す 빌려 주다
意味(いみ) 의미
わかる 알다, 이해하다
春(はる) 봄
花(はな) 꽃
咲(さ)く 피다
一緒(いっしょ)に 함께

1

<ruby>一人<rt>ひとり</rt></ruby>で <ruby>日本<rt>にほん</rt></ruby>に <ruby>行<rt>い</rt></ruby>こうと <ruby>思<rt>おも</rt></ruby>います。

혼자서 일본에 가려고 생각합니다.

① <ruby>今日<rt>きょう</rt></ruby> <ruby>自転車<rt>じてんしゃ</rt></ruby>に <ruby>乗<rt>の</rt></ruby>る

② <ruby>冬<rt>ふゆ</rt></ruby> スケートを <ruby>習<rt>なら</rt></ruby>う

③ <ruby>週末<rt>しゅうまつ</rt></ruby> ショッピングを する

④ <ruby>来年<rt>らいねん</rt></ruby> <ruby>免許<rt>めんきょ</rt></ruby>を <ruby>取<rt>と</rt></ruby>る

> **word**　今日(きょう) 오늘 | 自転車(じてんしゃ) 자전거 | ~に 乗(の)る ~을/를 타다 |
> 冬(ふゆ) 겨울 | スケート 스케이트 | 習(なら)う 배우다 | 週末(しゅうまつ) 주말 |
> ショッピング 쇼핑 | 来年(らいねん) 내년 | 免許(めんきょ)を 取(と)る 면허를 따다

2

<ruby>今日<rt>きょう</rt></ruby> <ruby>予約<rt>よやく</rt></ruby>を しようと しましたが…。

오늘 예약을 하려고 했습니다만…….

① <ruby>夜<rt>よる</rt></ruby> 11<ruby>時<rt>じ</rt></ruby> <ruby>前<rt>まえ</rt></ruby>に <ruby>寝<rt>ね</rt></ruby>る

② もっと はやく <ruby>学校<rt>がっこう</rt></ruby>に <ruby>来<rt>く</rt></ruby>る

③ <ruby>彼女<rt>かのじょ</rt></ruby>と <ruby>付<rt>つ</rt></ruby>き<ruby>合<rt>あ</rt></ruby>う

④ コートを <ruby>着<rt>き</rt></ruby>る

> **word**　夜(よる) 밤 | ~前(まえ)に ~전에 | 寝(ね)る 자다 | もっと 더 | はやく 일찍 |
> 学校(がっこう) 학교 | 彼女(かのじょ) 그녀 | 付(つ)き合(あ)う 사귀다 | コート 코트 |
> 着(き)る 입다

MP3 **2-70**

3

かんじ
漢字は たくさん 書けば 上達します。

한자는 많이 쓰면 (실력이) 향상됩니다.

① 子供が 元気だ ― 安心だ　　　② 氷は 熱い ― 溶ける

③ 風邪は 休む ― 治る　　　　　④ 成績が 上がる ― うれしい

> word
>
> **子供(こども)** 아이, 자식 │ **元気(げんき)だ** 건강하다, 활발하다 │ **安心(あんしん)だ** 안심하다 │
>
> **氷(こおり)** 얼음 │ **熱(あつ)い** 뜨겁다 │ **溶(と)ける** 녹다 │ **風邪(かぜ)** 감기 │
>
> **休(やす)む** 쉬다 │ **治(なお)る** (병이) 낫다 │ **成績(せいせき)** 성적 │
>
> **上(あ)がる** 오르다, 올라가다 │ **うれしい** 기쁘다

MP3 **2-71**

4

そつぎょう　　　　　しゅうしょく
卒業したら 就職したいです。

졸업하면 취직하고 싶습니다.

① お金が ある ― 旅行する　　　② 明日 晴れる ― 洗濯する

③ 部屋が 広い ― ベッドを 買う　④ 先生が 来る ― 話す

> word
>
> **お金(かね)** 돈 │ **旅行(りょこう)** 여행 │ **明日(あした)** 내일 │ **晴(は)れる** (날씨가) 맑다 │
>
> **洗濯(せんたく)する** 빨래하다 │ **部屋(へや)** 방 │ **広(ひろ)い** 넓다 │ **ベッド** 침대 │
>
> **買(か)う** 사다 │ **話(はな)す** 이야기하다

▶ MP3 2-72   따라읽기 MP3 2-74

①

やすだ
安田 　金さん、今度の 休みに どこか 行きますか。
　　　　①　　　②　　　　③　　　④　　　⑤

キム
金 　はい、一人で 日本に 行こうと 思います。
　　　⑥　　　⑦　　　⑧　　　⑨　　　⑩

やすだ
安田 　飛行機の チケットは もう 予約しましたか。
　　　　⑪　　　　⑫　　　⑬　　　⑭

キム
金 　今日 予約しようと しましたが、時間が なくて…。
　　　⑮　　⑯　　　　⑰　　　　　　⑱　　⑲

　　来週あたり 予約する つもりです。
　　　⑳　　　　㉑　　　　㉒

▶ MP3 2-73   따라읽기 MP3 2-75

②

せんせい
李 　先生、どう すれば 日本語が 上手に なりますか。
　　　①　　②　　③　　　④　　　⑤　　　⑥

　　私は 漢字が 一番 苦手です。
　　⑦　　⑧　　⑨　　⑩

せんせい
先生 　漢字は たくさん 書けば 上達しますよ。
　　　⑪　　⑫　　　⑬　　　⑭

　　李さんは 大学を 卒業したら 何が したいですか。
　　⑮　　　⑯　　　⑰　　　⑱　　⑲

イ
李 　私は 卒業したら 就職したいです。
　　⑳　　㉑　　　　㉒

어휘력 쑥쑥 키우기!

今度(こんど) 이번	**予約(よやく)する** 예약하다	**漢字(かんじ)** 한자
休(やす)み 휴일	**今日(きょう)** 오늘	**一番(いちばん)** 가장, 제일
どこか 어딘가	**来週(らいしゅう)** 다음 주	**苦手(にがて)だ** 서투르다
飛行機(ひこうき) 비행기	**～あたり** ~경, ~즈음	**上達(じょうたつ)する** 향상되다
チケット 티켓	**つもり** 생각, 작정	**卒業(そつぎょう)する** 졸업하다
もう 이미, 벌써	**上手(じょうず)だ** 잘한다	**就職(しゅうしょく)する** 취직하다

야스다 김 씨, 이번 휴가에 어딘가 갑니까?
　　　　　 ① 　② 　③ 　　④ 　　⑤

김 　네, 혼자서 일본에 가려고 생각합니다.
　　　 ⑥ 　⑦ 　⑧ 　　⑨ 　　⑩

야스다 비행기 티켓은 이미 예약했습니까?
　　　　　 ⑪ 　⑫ 　⑬ 　　⑭

김 　오늘 예약하려고 했습니다만, 시간이 없어서……．
　　　 ⑮ 　⑯ 　　⑰ 　　⑱ 　⑲

　　　다음 주쯤 예약할 생각입니다.
　　　 ⑳ 　　㉑ 　　㉒

 이 　선생님, 어떻게 하면 일본어를 잘하게 됩니까?
　　　 ① 　② 　③ 　④ 　⑤ 　⑥

　　　저는 한자가 가장 서툽니다.
　　　 ⑦ 　⑧ 　⑨ 　⑩

선생님 한자는 많이 쓰면 (실력이) 향상될 거예요.
　　　　 ⑪ 　⑫ 　⑬ 　　⑭

　　　이 씨는 대학교를 졸업하면 무엇을 하고 싶습니까?
　　　 ⑮ 　⑯ 　　⑰ 　　⑱ 　⑲

이 　저는 졸업하면 취직하고 싶습니다.
　　　 ⑳ 　　㉑ 　　㉒

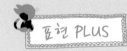

★ **～あたり** ~즈음

원래 「あたり」는 '주변, 근처'를 뜻하는 말로, 이때는 앞에 위치나 장소를 뜻하는 명사가 연결됩니다. 하지만 「来週(다음 주)」와 같이 때를 나타내는 말이 앞에 연결되면 정확하지는 않지만 대략적인 막연한 시점을 나타내는 '~즈음'의 뜻으로 해석됩니다.

★ **동사의 기본형/ない형 + つもりだ** ~할/하지 않을 생각이다

원래 「つもり」는 '생각, 작정'을 뜻하는 명사인데, 동사의 기본형이나 ない형 뒤에 연결되어 쓰이는 경우가 많습니다. 말하는 사람이 앞으로 하려고 하는 행동이나 생각을 표현할 때 씁니다.

★ **大学** 대학교
　 <small>だいがく</small>

일본에서는 '대학교'를 우리나라와는 다르게 「校(교)」를 빼고 씁니다. 틀리기 쉬우므로 주의하세요. 참고로, 「大学」는 4년제 대학교를 가리킵니다. 2년제 대학교는 「短期大学(단기대학)」라고 하며 보통 줄여서 「短大」라고 말합니다.

연습문제 1

01 다음 빈칸에 들어갈 알맞은 말을 〔보기〕 중에서 골라 써 보세요.

> 보기   行こうと   書けば   卒業したら

1 一人で 日本に （   ） 思います。

2 （   ） 就職したいです。

3 漢字は たくさん （   ） 上達します。

02 다음 밑줄 친 동사의 기본형을 의지형의 형태로 바꾸어 써 보세요.

1 友だちに あう → （   ） 친구를 만나자

2 話を きく   → （   ） 이야기를 듣자

3 ごみを すてる → （   ） 쓰레기를 버리자

4 散歩を する   → （   ） 산책을 하자

03 다음 밑줄 친 부분의 우리말 의미에 해당하는 일본어를 써 보세요.

1 今日 自転車に ＿＿＿＿＿＿＿＿ 思います。
　　　　　　　　　　타려고

2 お金が ＿＿＿＿＿＿＿＿ 旅行＿＿＿＿＿＿＿＿。
　　　　　있으면　　　　　　　　하고 싶습니다

3 漢字は ＿＿＿＿＿＿＿＿ 書けば ＿＿＿＿＿＿＿＿＿＿。
　　　　　많이　　　　　　　　　（실력이） 향상됩니다

문자 **01** 다음 밑줄 친 부분 중 한자는 히라가나로, 히라가나는 한자로 알맞게 바꾼 것을
①～④ 중에서 골라 보세요.

1 卒業^{そつぎょう}したら <u>就職</u>したいです。

① ちゅうしょく　　　　　　　② しゅうしょく

③ じゅうちょく　　　　　　　④ しゅうちょく

2 <u>かんじ</u>は たくさん 書^かけば 上達^{じょうたつ}しますよ。

① 漢字　　　　② 完字　　　　③ 漢事　　　　④ 感事

문법 **02** _____★_____에 들어갈 알맞은 말을 ①～④ 중에서 골라 보세요.

1 一人^{ひとり}で _____ _____ ___★___ _____。

① アメリカに　　② 思^{おも}い　　③ ます　　④ 行^いこうと

2 _____ ___★___ _____ _____です。

① 明日^{あした}　　② したい　　③ 洗濯^{せんたく}　　④ 晴^はれたら

청해 **03** 잘 듣고, B의 대답으로 알맞은 것을 ①～③ 중에서 골라 보세요.　🔘 MP3 **2-76**

1 A : 今度^{こんど}の 休^{やす}みに どこか 行^いきますか。

B : ①　　　　②　　　　③

2 A : 大学^{だいがく}を 卒業^{そつぎょう}したら 何^{なに}が したいですか。

B : ①　　　　②　　　　③

변화를 나타내는 표현의 품사별 정리

일본어에서 각 품사의 '변화'를 나타내는 표현을 만들려면 동사 「なる(되다)」를 이용하여 나타냅니다. 변화 표현은 품사에 따라 '～이/가 되다, ～해지다, ～하게 되다'로 해석이 달라집니다. 특히 명사와 な형용사는 활용형이 똑같으므로 잘 기억해 두세요.

분류	특징 및 예문
명사	〔활용 규칙〕명사 + ～に なる : ～이/가 되다 예 来年、大学生に なります。 내년에 대학생이 됩니다.
い형용사	〔활용 규칙〕어미 い를 빼고(어간) + ～く なる : ～해지다 예 つめが 長く なりました。 손톱이 길어졌습니다.
な형용사	〔활용 규칙〕어미 だ를 빼고(어간) + ～に なる : ～하게 되다 / ～해지다 예 ピアノが 上手に なりましたか。 피아노를 잘 치게 되었습니까?
동사	〔활용 규칙〕동사의 기본형 / ない형 + ～ように なる : ～하게 되다 예 車を 運転するように なりました。 차를 운전하게 되었습니다. お酒を 飲まないように なりました。 술을 마시지 않게 되었습니다.

마무리! 확인하기

☐ 一人で 日本に ⬚⬚⬚⬚⬚⬚⬚⬚⬚⬚⬚⬚。 혼자서 일본에 가려고 생각합니다.

☐ 今日 予約を ⬚⬚⬚⬚⬚⬚⬚⬚が…。 오늘 예약을 하려고 했습니다만……

☐ 漢字は たくさん ⬚⬚⬚⬚ 上達しますよ。
한자는 많이 쓰면 (실력이) 향상될 거예요.

☐ ⬚⬚⬚⬚⬚⬚ 就職したいです。 졸업하면 취직하고 싶습니다.

PART 16

主人は 私に ばらの 花も くれました。

남편은 저에게 장미꽃도 주었습니다.

학습 목표
- 수수동사(1) : あげる / 동사 て형 + ～て あげる
- 수수동사(2) : くれる / 동사 て형 + ～て くれる
- 수수동사(3) : もらう / 동사 て형 + ～て もらう

MP3 **2-77**

01 ご主人に どんな プレゼントを あげましたか。
しゅじん
남편 분에게　　어떤　　　　선물을　　　　주었습니까?

반말은 이렇게 말해요! ご主人に どんな プレゼントを あげたの?
しゅじん
남편에게 어떤 선물을 주었어?

🔍 수수동사(1) あげる　(내가 남에게) 주다

수수동사에서의 '수수(授受)'란 한자 그대로 서로 주고 받는다는 뜻입니다. 수수동사 중에서 「**あげる**」는 내가 남에게 뭔가를 주는 경우에 씁니다. 「**あげる**」는 아래와 같이 사용되는 문형이 정해져 있으므로 조사의 쓰임에 주의하면서 잘 알아두세요.

〔주어(사람)〕 は	〔대상(사람)〕 に	〔목적어(사물)〕 を	あげる
(나 & 남)　~은/는	(남)　~에게	~을/를	주다

특히 「**あげる**」는 '내가 남에게' 주는 경우뿐만 아니라 '남이 남에게' 주는 경우에도 쓰입니다. 즉, 「**あげる**」가 들어있는 문장의 주어는 '나'와 '남'의 두 가지가 올 수 있습니다. 나 자신이든 남이든 상관없이 '남에게 주는 경우'라면 「**あげる**」를 써야 합니다.

예 〔나⇒남〕 私は 彼に まんがを あげました。 저는 그에게 만화책을 주었습니다.
わたし かれ

〔남⇒남〕 彼は 彼女に 花を あげました。 그는 그녀에게 꽃을 주었습니다.
かれ かのじょ はな

🔍 동사 て형 + ~て あげる　(내가 남에게) ~해 주다

「**あげる**」는 동사의 て형 뒤에 연결하여 「**~て あげる**」의 형태로도 쓰입니다.

〔주어(사람)〕 は	〔대상(사람)〕 に	〔목적어(사물)〕 を	~て あげる
(나 & 남)　~은/는	(남)　~에게	~을/를	~해 주다

예 私は 彼に 財布を 買って あげました。
わたし かれ さいふ か
저는 그에게 지갑을 사 주었습니다.

Tip

「あげる(주다)」 보다 정중하게 말하려면 「さしあげる(드리다)」를 쓰면 됩니다.

word

ご主人(しゅじん) 남편
プレゼント 선물
まんが 만화책
花(はな) 꽃
財布(さいふ) 지갑
買(か)う 사다

02 主人<ruby>しゅじん</ruby>は 私<ruby>わたし</ruby>に ばらの 花<ruby>はな</ruby>も くれました。
남편은　저에게　장미　꽃도　주었습니다.

🐾 반말은 이렇게 말해요! ： 主人<ruby>しゅじん</ruby>は 私<ruby>わたし</ruby>に ばらの 花<ruby>はな</ruby>も くれたの。
남편은 나에게 장미꽃도 주었어.

🔍 수수동사(2) くれる (남이 나에게) 주다

수수동사 중에서 「くれる」는 「あげる」의 반대 개념으로, 남이 나에게 뭔가를 주는 경우에 씁니다. 「くれる」는 아래와 같이 사용되는 문형이 정해져 있으므로 조사의 쓰임에 주의하면서 잘 알아두세요.

〔주어(사람)〕 は	〔대상(사람)〕 に	〔목적어(사물)〕 を	くれる
(남) ~은/는	(나) ~에게	~을/를	주다

특히 「くれる」는 반드시 '남이 나에게' 주는 경우에만 쓸 수 있습니다. 즉, 「くれる」가 들어 있는 문장의 주어는 오로지 '남'의 한 가지만 올 수 있습니다.

예 〔남⇒나〕 兄<ruby>あに</ruby>は 私<ruby>わたし</ruby>に 辞書<ruby>じしょ</ruby>を くれました。 형은 나에게 사전을 주었습니다.
母<ruby>はは</ruby>は 私<ruby>わたし</ruby>に 本<ruby>ほん</ruby>を くれました。 엄마는 나에게 책을 주었습니다.

🔍 동사 て형 + ~て くれる (남이 나에게) ~해 주다

「くれる」는 동사의 て형 뒤에 연결하여 「~て くれる」의 형태로도 쓰입니다.

〔주어(사람)〕 は	〔대상(사람)〕 に	〔목적어(사물)〕 を	~て くれる
(남) ~은/는	(나) ~에게	~을/를	~해 주다

예 兄<ruby>あに</ruby>は 私<ruby>わたし</ruby>に おもちゃを 貸<ruby>か</ruby>して くれました。
형은 나에게 장난감을 빌려 주었습니다.

Tip
「くれる(주다)」보다 정중하게 말하려면 「くださる(주시다)」를 쓰면 됩니다.

word
ばらの花(はな) 장미꽃
辞書(じしょ) 사전
おもちゃ 장난감
貸(か)す 빌려 주다

MP3 2-77

03

主人に ダイヤの 指輪を もらいました。
しゅじん　　　　　　ゆびわ

남편에게　　다이아　　반지를　　받았습니다.

반말은 이렇게 말해요! 主人に ダイヤの 指輪を もらったの。
しゅじん　　　　　　ゆびわ

남편에게 다이아 반지를 받았어.

수수동사(3) もらう　(남으로부터 내가) 받다

수수동사 중에서「もらう」는 남으로부터 내가 뭔가를 받는 경우에 씁니다.「もらう」는 아래와
같이 사용되는 문형이 정해져 있으므로 조사의 쓰임에 주의하면서 잘 알아두세요.

〔주어(사람)〕 は	〔대상(사람)〕 に/から	〔목적어(사물)〕 を	もらう
(나)　～은/는	(남)　～에게/～로부터	～을/를	받다

특히「もらう」는 남으로부터 내가 받는 입장이므로 문장의 주어는 '나'가 됩니다. 또한,「もら
う」가 들어 있는 문장의 주어는 보통 생략되는 경우가 많습니다.

예　〔남⇒나〕 (私は) 父に 手紙を もらいました。
　　　　　 わたし　ちち　てがみ

(저는) 아버지에게 편지를 받았습니다.

(私は) 妹から ペンを もらいました。
わたし　いもうと

(나는) 여동생으로부터 펜을 받았습니다.

동사 て형＋～て もらう　(남으로부터 내가) ~해 받다

「もらう」는 동사의 て형 뒤에 연결하여「～て もらう」의 형태로도 쓰입니다.

〔주어(사람)〕 は	〔대상(사람)〕 に/から	〔목적어(사물)〕 を	～て もらう
(나)　～은/는	(남)　～에게/～로부터	～을/를	～해 받다

예　(私は) 妹に 料理を 作って もらいました。
　　 わたし　いもうと　りょうり　つく

(나는) 여동생에게 요리를 만들어 받았습니다(여동생이 요리를 만들어 주었습니다).

Tip

「もらう(받다)」 보다 정
중하게 말하려면 겸양어
인「いただく(받다)」를
쓰면 됩니다.

word

主人(しゅじん) 남편
ダイヤ 다이아
指輪(ゆびわ) 반지
手紙(てがみ) 편지
料理(りょうり) 요리
作(つく)る 만들다

04

しゅじん わたし なに か
主人は 私に 何も 買って くれません。
남편은 저에게 아무것도 사 주지 않습니다.

반말은 이렇게 말해요!

しゅじん わたし なに か
主人は 私に 何も 買って くれない。
남편은 나에게 아무것도 사 주지 않아.

🔍 수수동사 あげる・くれる・もらう에 관한 총정리

세 가지의 수수동사인 「**あげる・くれる・もらう**」는 모두 동사의 て형 뒤에 연결되어 「**~て あげる・~て くれる・~て もらう**」의 형태로 쓰입니다.

Tip

친한 사이나 손아랫사람, 동·식물에게 주는 경우는 「あげる」 외에 「やる (주다)」라는 표현을 쓰기도 합니다. 하지만 최근에는 동·식물 외에는 잘 쓰지 않는 추세이므로, 주의해서 사용하세요.

내가 남에게 주는 경우	**(~て) あげる (~해) 주다**
	예 わたし とも はなたば **私は 友だちに 花束を あげました。** 저는 친구에게 꽃다발을 주었습니다. 〔나 → 친구〕

남이 나에게 주는 경우	**(~て) くれる (~해) 주다**
	예 せんせい わたし **先生は 私に ノートを くれました。** 선생님은 저에게 노트를 주었습니다. 〔선생님 → 나〕

남으로부터 내가 받는 경우	**(~て) もらう (~해) 받다**
	예 わたし せんせい え **(私は) 先生に 絵を もらいました。** (저는) 선생님에게 그림을 받았습니다. 〔나 ← 선생님〕

word

何(なに)も 아무것도
買(か)う 사다
花束(はなたば) 꽃다발
ノート 노트
絵(え) 그림

1

ご主人に どんな プレゼントを あげましたか。

남편 분에게 어떤 선물을 주었습니까?

① お父さん ― ネクタイ

② おばあさん ― 帽子

③ お姉さん ― スカート

④ 娘さん ― 人形

> word
>
> **お父(とう)さん** 아버지 | **ネクタイ** 넥타이 | **おばあさん** 할머니 | **帽子(ぼうし)** 모자 |
> **お姉(あね)さん** 언니, 누나 | **スカート** 스커트 | **娘(むすめ)さん** 따님 |
> **人形(にんぎょう)** 인형

2

主人は 私に ばらの 花も くれました。

남편은 저에게 장미꽃도 주었습니다.

① 課長 ― お土産

② 先輩 ― ハンカチ

③ 息子 ― 花束

④ 彼女 ― サングラス

> word
>
> **課長(かちょう)** 과장 | **お土産(みやげ)** 기념선물 | **先輩(せんぱい)** 선배 |
> **ハンカチ** 손수건 | **息子(むすこ)** 아들 | **花束(はなたば)** 꽃다발 | **彼女(かのじょ)** 여자친구 |
> **サングラス** 선글라스

3

主人に ダイヤの 指輪を もらいました。
しゅじん　　　　　　　ゆびわ

남편에게 다이아 반지를 받았습니다.

① 弟 — マフラー
　おとうと

② 社長 — パソコン
　しゃちょう

③ 彼氏 — 香水
　かれし　こうすい

④ 母 — 財布
　はは　さいふ

word | 弟(おとうと) 남동생 | マフラー 목도리 | 社長(しゃちょう) 사장 | パソコン 컴퓨터 |
彼氏(かれし) 남자친구 | 香水(こうすい) 향수 | 母(はは) 어머니 | 財布(さいふ) 지갑

4

主人は 私に 何も 買って くれません。
しゅじん　わたし　なに　か

남편은 저에게 아무것도 사 주지 않습니다.

① 兄 — 辞書を 貸す
　あに　じしょ　か

② 孫 — 歌を 歌う
　まご　うた　うた

③ 家内 — 料理を 作る
　かない　りょうり　つく

④ 友だち — メールを 送る
　とも　　　　　おく

word | 兄(あに) 형, 오빠 | 辞書(じしょ) 사전 | 貸(か)す 빌려주다 | 孫(まご) 손자 |
歌(うた) 노래 | 歌(うた)う 노래 부르다 | 家内(かない) 아내 | 料理(りょうり) 요리 |
作(つく)る 만들다 | 友(とも)だち 친구 | メール 메일 | 送(おく)る 보내다

▶ MP3 2-82 | 따라읽기 MP3 2-83

林 (はやし) 朴さん、昨日(きのう)が 結婚記念日(けっこんきねんび)だったでしょう。
① ② ③

ご主人(しゅじん)に どんな プレゼントを あげましたか。
④ ⑤ ⑥ ⑦

朴 (パク) 私(わたし)は 主人(しゅじん)に 腕時計(うでどけい)を あげました。
⑧ ⑨ ⑩ ⑪

選(えら)ぶ のが 大変(たいへん)でしたけど。
⑫ ⑬ ⑭

林 (はやし) ご主人(しゅじん)に 何(なに)か いい プレゼントを もらいましたか。
⑮ ⑯ ⑰ ⑱ ⑲

朴 (パク) ええ。主人(しゅじん)に ダイヤの 指輪(ゆびわ)を もらいました。
⑳ ㉑ ㉒ ㉓ ㉔

林 (はやし) まあ、ご主人(しゅじん)、とても 素敵(すてき)ですね。
㉕ ㉖ ㉗ ㉘

朴 (パク) それに、主人(しゅじん)は 私(わたし)に ばらの 花(はな)も くれました。
㉙ ㉚ ㉛ ㉜ ㉝

林 (はやし) 本当(ほんとう)に ロマンチックな 方(かた)ですね。
㉞ ㉟ ㊱

私(わたし)は 結婚記念日(けっこんきねんび)に 主人(しゅじん)の 好物(こうぶつ)の コロッケを 作(つく)って
㊲ ㊳ ㊴ ㊵ ㊶ ㊷

あげますが、主人(しゅじん)は 私(わたし)に 何(なに)も 買(か)って くれません。
㊸ ㊹ ㊺ ㊻ ㊼ ㊽

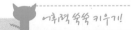 어휘력 쑥쑥 키우기!

結婚記念日(けっこんきねんび) 결혼기념일

〜でしょう 〜지요?

〜から 〜로부터

何(なに)か 뭔가

プレゼント 선물

ダイヤ 다이아

まあ 어머, 우와

とても 매우, 무척

素敵(すてき)だ 멋지다

それに 게다가

本当(ほんとう)に 정말, 진짜

ロマンチックだ 로맨틱하다

好物(こうぶつ) 좋아하는 음식

コロッケ 크로켓

하야시	박 씨, 어제가 결혼기념일이었죠?
	① ② ③
	남편 분에게 어떤 선물을 주었습니까?
	④ ⑤ ⑥ ⑦
박	저는 남편에게 손목시계를 주었습니다.
	⑧ ⑨ ⑩ ⑪
	고르는 것이 힘들었지만.
	⑫ ⑬ ⑭
하야시	남편 분에게 뭔가 좋은 선물을 받았습니까?
	⑮ ⑯ ⑰ ⑱ ⑲
박	네. 남편에게 다이아 반지를 받았습니다.
	⑳ ㉑ ㉒ ㉓ ㉔
하야시	우와~, 남편 분, 매우 멋지네요.
	㉕ ㉖ ㉗ ㉘
박	게다가, 남편은 저에게 장미꽃도 주었습니다.
	㉙ ㉚ ㉛ ㉜ ㉝
하야시	정말 로맨틱한 분이군요.
	㉞ ㉟ ㊱
	저는 결혼기념일에 남편이 좋아하는 음식인 크로켓을 만들어
	㊲ ㊳ ㊴ ㊵ ㊶ ㊷
	줍니다만, 남편은 저에게 아무것도 사 주지 않습니다.
	㊸ ㊹ ㊺ ㊻ ㊼ ㊽

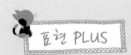

표현 PLUS

★ 主人 (しゅじん) (나의) 남편

나의 남편을 가리키는 말에는 「主人」 외에 「だんな(旦那)」도 있습니다. 이 두 가지 어휘는 뜻은 같지만, 남의 남편을 가리킬 때는 차이가 있습니다. 「主人」 의 경우는 앞에 「ご」를 붙여서 「ご主人」이라고 하고, 「だんな」는 뒤에 「さん」을 붙여서 「だんなさん」이라고 합니다.

★ プレゼント 선물

이 말은 '생일 선물'과 같은 가장 보편적이고 폭넓은 의미의 선물을 가리킬 때 씁니다. 이것 외에도 '선물'을 뜻하는 말에는 「おくりもの(贈り物)」와 「おみやげ(お土産)」도 있습니다. 특히 「おみやげ」는 직역하면 '토산품'인데 여행지나 출장지 등에서 사 온 기념선물을 가리킵니다.

★ 大変でしたけど (たいへん) 힘들었지만

「～けど」는 문장의 서술부 뒤에 연결되어 역접의 뜻을 나타내는 접속 조사입니다. 「～けど」는 「～けれども」를 생략한 회화체 표현으로 좀 더 정중하게 표현하려면 「～けれども」 또는 「～けれど」를 쓰면 됩니다.

연습문제 1

01 다음 빈칸에 들어갈 알맞은 말을 [보기] 중에서 골라 써 보세요.

> 보기 くれました   買って くれません   もらいました   あげました

1 ご主人に どんな プレゼントを (　　　　　　　　)か。

2 主人は 私に ばらの 花も (　　　　　　)。

3 主人に ダイヤの 指輪を (　　　　　　)。

4 主人は 私に 何も (　　　　　　)。

02 다음 문장의 의미에 맞도록 빈칸에 알맞은 수수동사의 형태를 써 보세요.

1 父は 母に 花を (　　　　　　)。 주었습니다.

2 私は 姉に ペンを (　　　　　　)。 받았습니다.

3 先生は 私に 本を (　　　　　　)。 주었습니다.

4 私は 弟に 靴を (　　　　　　)。 주었습니다.

03 다음 밑줄 친 부분의 우리말 의미에 해당하는 일본어를 써 보세요.

1 主人は ＿＿＿＿＿＿ 花束も くれました。
　　　　　　나에게

2 先輩に ＿＿＿＿＿＿ プレゼントを あげましたか。
　　　　　어떤

3 母は 私に ＿＿＿＿＿＿ 買って くれません。
　　　　　아무것도

문자 01 다음 밑줄 친 부분 중 한자는 히라가나로, 히라가나는 한자로 알맞게 바꾼 것을
①～④ 중에서 골라 보세요.

1 <u>主人</u>は 私に ばらの 花も くれました。

① しゅしん   ② しゅうじん   ③ しゅじん   ④ しゅうしん

2 主人に ダイヤの <u>ゆびわ</u>を もらいました。

① 指輪   ② 首輪   ③ 足輪   ④ 頭

문법 02 _____★_____에 들어갈 알맞은 말을 ①～④ 중에서 골라 보세요.

1 ___★___ _____ _____ _____。

① ハンカチも   ② 先輩は   ③ くれました   ④ 私に

2 主人は _____ _____ ___★___ _____。

① 私に   ② 買って   ③ 何も   ④ くれません

청해 03 잘 듣고, B의 대답으로 알맞은 것을 ①～③ 중에서 골라 보세요.   MP3 2-84

1 A : ご主人に 何か プレゼントを もらいましたか。

B : ①   ②   ③

2 A : ご主人に どんな プレゼントを あげましたか。

B : ①   ②   ③

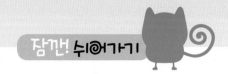

동사의 '수동형'과 '사역형'에 대한 정리

일본어 동사의 여러 가지 활용형 중에서 '수동형'과 '사역형'은 우리말에서 자주 사용되지 않는 표현이라서 이해하기 어렵고 문법에 맞추어 쓰기 까다로운 표현입니다. 아래의 표를 보면서 잘 알아둡시다.

분류	동사의 수동형 [〜れる・〜られる]	동사의 사역형 [〜せる・〜させる]
의미	〈~하게 되다, ~해지다, ~받다/당하다〉 상대방으로부터 어떤 행동이나 동작을 받거나 당할 때 쓰는 표현이다. 특히 자기 의지와는 상관없이 이루어진다.	〈~하게 하다, ~시키다〉 상대방에게 어떤 행동이나 동작을 억지로 그렇게 행동하도록 시키거나 강요할 때 쓰는 표현이다.
활용 규칙	1그룹 동사 - 어미 'あ단'으로 바꾼 후 + れる 2그룹 동사 - 어미 「る」를 없앤 후 + られる	1그룹 동사 - 어미 'あ단'으로 바꾼 후 + せる 2그룹 동사 - 어미 「る」를 없앤 후 + させる
예문	読む ⇒ 読まれる 읽게 되다 食べる ⇒ 食べられる 먹게 되다 する ⇒ される 하게 되다 来る ⇒ 来られる 오게 되다	読む ⇒ 読ませる 읽게 하다 食べる ⇒ 食べさせる 먹게 하다 する ⇒ させる 하게 하다, 시키다 来る ⇒ 来させる 오게 하다

단, 어미가 「〜う」로 끝나는 1그룹 동사의 수동형과 사역형은 모두 어미 「う」를 「あ」가 아닌 「わ」로 바꾼 후에 각각의 수동형 어미(れる)와 사역형 어미(せる)를 연결하면 됩니다.

예 会う (만나다) ⇒ 〔수동형〕 会われる 만나게 되다 / 〔사역형〕 会わせる 만나게 하다

마무리! 확인하기

☐ ご主人に どんな プレゼントを ⬚⬚⬚⬚⬚ か。 남편에게 어떤 선물을 주었습니까?

☐ 主人は 私に ばらの 花も ⬚⬚⬚⬚⬚。 남편은 저에게 장미꽃도 주었습니다.

☐ 主人に ダイヤの 指輪を ⬚⬚⬚⬚⬚。 남편에게 다이아 반지를 받았습니다.

☐ 主人は 私に 何も ⬚⬚⬚⬚⬚。 남편은 저에게 아무것도 사 주지 않습니다.

품사의 활용법

동사의 종류와 활용형

기본형 (~하다)	マス형 (~ㅂ니다)	テ형 (~하고)	タ형 (~했다)	ナイ형 (~하지 않다)	ウ／ヨウ형 (~하자)
会う 만나다	会います	会って	会った	会わない	会おう
持つ 들다	持ちます	持って	持った	持たない	持とう
売る 팔다	売ります	売って	売った	売らない	売ろう
飲む 마시다	飲みます	飲んで	飲んだ	飲まない	飲もう
飛ぶ 날다	飛びます	飛んで	飛んだ	飛ばない	飛ぼう
死ぬ 죽다	死にます	死んで	死んだ	死なない	死のう
歩く 걷다	歩きます	歩いて	歩いた	歩かない	歩こう
行く 가다	行きます	行って	行った	行かない	行こう
急ぐ 서두르다	急ぎます	急いで	急いだ	急がない	急ごう
出す 내다	出します	出して	出した	出さない	出そう
着る 입다	着ます	着て	着た	着ない	着よう
起きる 일어나다	起きます	起きて	起きた	起きない	起きよう
出る 나가다	出ます	出て	出た	出ない	出よう
食べる 먹다	食べます	食べて	食べた	食べない	食べよう
する 하다	します	して	した	しない	しよう
来る 오다	来ます	来て	来た	来ない	来よう

1그룹 동사 / 2그룹 동사 / 3그룹 동사

동사 정중체의
활용형

기본형	긍정형		부정형		의지/권유
보통	현재 (〜ㅂ니다)	과거 (〜했습니다)	현재 (〜하지 않습니다)	과거 (〜하지 않았습니다)	(〜합시다)
会う	会います	会いました	会いません	会いませんでした	会いましょう
持つ	持ちます	持ちました	持ちません	持ちませんでした	持ちましょう
売る	売ります	売りました	売りません	売りませんでした	売りましょう
飲む	飲みます	飲みました	飲みません	飲みませんでした	飲みましょう
飛ぶ	飛びます	飛びました	飛びません	飛びませんでした	飛びましょう
死ぬ	死にます	死にました	死にません	死にませんでした	死にましょう
歩く	歩きます	歩きました	歩きません	歩きませんでした	歩きましょう
行く	行きます	行きました	行きません	行きませんでした	行きましょう
急ぐ	急ぎます	急ぎました	急ぎません	急ぎませんでした	急ぎましょう
出す	出します	出しました	出しません	出しませんでした	出しましょう
着る	着ます	着ました	着ません	着ませんでした	着ましょう
起きる	起きます	起きました	起きません	起きませんでした	起きましょう
出る	出ます	出ました	出ません	出ませんでした	出ましょう
食べる	食べます	食べました	食べません	食べませんでした	食べましょう
する	します	しました	しません	しませんでした	しましょう
来る	来ます	来ました	来ません	来ませんでした	来ましょう

1그룹 동사: 会う, 持つ, 売る, 飲む, 飛ぶ, 死ぬ, 歩く, 行く, 急ぐ, 出す

2그룹 동사: 着る, 起きる, 出る, 食べる

3그룹 동사: する, 来る

い형용사와 な형용사의 활용형

	기본형	연체형(+명사)	テ형	ナイ형	タ형
い형용사	大きい 크다	大きい	大きくて	大きくない	大きかった
	小さい 작다	小さい	小さくて	小さくない	小さかった
	長い 길다	長い	長くて	長くない	長かった
	短い 짧다	短い	短くて	短くない	短かった
	明るい 밝다	明るい	明るくて	明るくない	明るかった
	易しい 쉽다	易しい	易しくて	易しくない	易しかった
	いい 좋다	いい	よくて	よくない	よかった
	面白い 재미있다	面白い	面白くて	面白くない	面白かった
	赤い 빨갛다	赤い	赤くて	赤くない	赤かった
な형용사	好きだ 좋아하다	好きな	好きで	好きではない	好きだった
	きれいだ 깨끗하다	きれいな	きれいで	きれいではない	されいだった
	静かだ 조용하다	静かな	静かで	静かではない	静かだった
	元気だ 건강하다	元気な	元気で	元気ではない	元気だった
	上手だ 능숙하다	上手な	上手で	上手ではない	上手だった
	親切だ 친절하다	親切な	親切で	親切ではない	親切だった
	大切だ 중요하다	大切な	大切で	大切ではない	大切だった
	便利だ 편리하다	便利な	便利で	便利ではない	便利だった

い형용사 · な형용사
정중체의 활용형

기본형	현재 긍정	현재 부정	과거 긍정	과거 부정
大<small>おお</small>きい	大きいです	大きくありません	大きかったです	大きくありませんでした
小<small>ちい</small>さい	小さいです	小さくありません	小さかったです	小さくありませんでした
長<small>なが</small>い	長いです	長くありません	長かったです	長くありませんでした
短<small>みじか</small>い	短いです	短くありません	短かったです	短くありませんでした
明<small>あか</small>るい	明るいです	明るくありません	明るかったです	明るくありませんでした
易<small>やさ</small>しい	易しいです	易しくありません	易しかったです	易しくありませんでした
いい	いいです	よくありません	よかったです	よくありませんでした
面白<small>おもしろ</small>い	面白いです	面白くありません	面白かったです	面白くありませんでした
赤<small>あか</small>い	赤いです	赤くありません	赤かったです	赤くありませんでした
好<small>す</small>きだ	好きです	好きじゃありません	好きだったです	好きじゃありませんでした
きれいだ	きれいです	きれいじゃありません	きれいだったです	きれいじゃありませんでした
静<small>しず</small>かだ	静かです	静かじゃありません	静かだったです	静かじゃありませんでした
元気<small>げんき</small>だ	元気です	元気じゃありません	元気だったです	元気じゃありませんでした
上手<small>じょうず</small>だ	上手です	上手じゃありません	上手だったです	上手じゃありませんでした
親切<small>しんせつ</small>だ	親切です	親切じゃありません	親切だったです	親切じゃありませんでした
大切<small>たいせつ</small>だ	大切です	大切じゃありません	大切だったです	大切じゃありませんでした
便利<small>べんり</small>だ	便利です	便利じゃありません	便利だったです	便利じゃありませんでした

い형용사

な형용사

	보통형	정중형
현재 · 긍정	学生だ 학생이다	学生です 학생입니다
현재 · 부정	学生じゃない 학생이 아니다	学生じゃありません 학생이 아닙니다
과거 · 긍정	学生だった 학생이었다	学生でした 학생이었습니다
과거 · 부정	学生じゃなかった 학생이 아니었다	学生ではありませんでした 학생이 아니었습니다

~할 수 있다

1그룹 동사		2그룹 동사		3그룹 동사	
書く 쓰다	書ける	見る 보다	見られる	する 하다	できる
話す 말하다	話せる	起きる 일어나다	起きられる	来る 오다	来られる
立つ 서다	立てる	食べる 먹다	食べられる		
作る 만들다	作れる	答える 대답하다	答えられる		

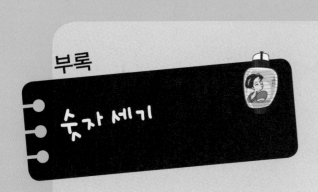

부록

숫자 세기

	枚（まい） 〜장, 〜매	冊（さつ） 〜권(책)	本（ほん） 〜자루, 〜개	回（かい） 〜회, 〜번	軒（けん） 〜채(집)
1	いちまい	いっさつ	いっぽん	いっかい	いっけん
2	にまい	にさつ	にほん	にかい	にけん
3	さんまい	さんさつ	さんぼん	さんかい	さんげん
4	よんまい	よんさつ	よんほん	よんかい	よんけん
5	ごまい	ごさつ	ごほん	ごかい	ごけん
6	ろくまい	ろくさつ	ろっぽん	ろっかい	ろっけん
7	ななまい	ななさつ	ななほん	ななかい	ななけん
8	はちまい	はっさつ	はっぽん	はっかい	はっけん
9	きゅうまい	きゅうさつ	きゅうほん	きゅうかい	きゅうけん
10	じゅうまい	じゅっさつ じっさつ	じゅっぽん じっぽん	じゅっかい じっかい	じゅっけん じっけん
何	なんまい	なんさつ	なんぼん	なんかい	なんげん

음식

□□ **ラーメン** 라면

□□ **にくまん** 고기만두

□□ **すきやき** 전골

□□ **スパゲッティ** 스파게티

□□ **すぶた** 탕수육

□□ **てんぷら** 튀김

□□ **ハンバーガー** 햄버거

□□ **サンドイッチ** 샌드위치

□□ **さしみ** 생선회

□□ **のりまき** 김밥

□□ **やきとり** 꼬치구이

□□ **カレー** 카레

□□ **ハンバーグステーキ**
　　　　　　　 햄버그스테이크

□□ **パフェ** 파르페

□□ **ざるそば** 모밀국수

□□ **やきざかな** 생선구이

□□ **ケーキ** 케이크

□□ **プリン** 푸딩

□□ **コーヒー** 커피

□□ **サラダ** 샐러드

□□ **どんぶり** 덮밥

□□ **すし** 초밥

□□ **おにぎり** 주먹밥, 삼각김밥

□□ **やきにく** 불고기

□□ **てんぷら** 튀김

부록

스포츠

- ☐☐ **サッカー** 축구
- ☐☐ **スキー** 스키
- ☐☐ **ボクシング** 권투
- ☐☐ **ボーリング** 볼링
- ☐☐ **バスケットボール** 농구
- ☐☐ **ゴルフ** 골프
- ☐☐ **バレーボール** 배구
- ☐☐ **ピンポン** 탁구
- ☐☐ **やきゅう** 야구
- ☐☐ **すもう** 씨름
- ☐☐ **テニス** 테니스
- ☐☐ **じゅうどう** 유도
- ☐☐ **バドミントン** 배드민턴

놀이

□□ **たこあげ** 연날리기

□□ **ぶらんこ** 그네

□□ **なわとび** 줄넘기

□□ **あやとり** 실뜨기

□□ **かくれんぼう** 숨바꼭질

□□ **ままごと** 소꿉놀이

□□ **ひざずもう** 닭싸움

□□ **じゃんけんぽん** 가위바위보

□□ **こままわし** 팽이치기

□□ **めんこあそび** 딱지치기

□□ **おにごっこ** 술래잡기

□□ **うでずもう** 팔씨름

□□ **みずあそび** 물장구

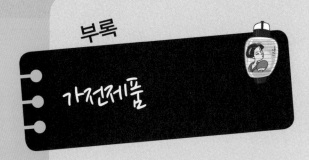

가전제품

□□ **テレビ** 텔레비전

□□ **ラジオ** 라디오

□□ **せんたくき** 세탁기

□□ **れいぞうこ** 냉장고

□□ **せんぷうき** 선풍기

□□ **そうじき** 청소기

□□ **でんしレンジ** 전자레인지

□□ **でんきがま** 전기밥솥

□□ **オーブン** 오븐

□□ **クーラー** 에어컨

□□ **トースター** 토스터

□□ **ポット** 포트

□□ **ミキサー** 믹서기

부록

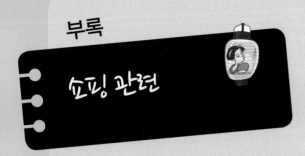

쇼핑 관련

- □□ **みせ** 가게
- □□ **うりば** 매장
- □□ **いちば** 시장
- □□ **デパート** 백화점
- □□ **てんいん** 점원
- □□ **おきゃくさん** 손님
- □□ **はんばい** 판매
- □□ **かいもの** 쇼핑, 물건 사기
- □□ **けしょうひん** 화장품
- □□ **ほうせき** 보석
- □□ **かんじょう** 계산
- □□ **おつり** 거스름돈
- □□ **わりびき** 할인

청해 문제 스크립트
실력다지기 정답

청해 문제 스크립트

 청해 03

1 A : はじめまして。わたしは キムです。
　 B : ① はい、そうです。
　　　 ② かいしゃいんです。
　　　 ③ はじめまして。
　　　　 わたしは すずきです。
2 A : それは なんですか。
　 B : ① これは わたしの けいたいで
　　　　 す。
　　　 ② いいえ、がくせいじゃ ありま
　　　　 せん。
　　　 ③ その かさは パクさんのです。

PART
02 연습문제 2

청해 03

1 A : すみません、いま なんじですか。
　 B : ① 5じまでです。
　　　 ② ごご 4じです。
　　　 ③ きのうは かようびでした。
2 A : きのうは すいようびでしたね。
　 B : ① いいえ、すいようびじゃ なかっ
　　　　 たです。
　　　 ② どうも ありがとう ございます。
　　　 ③ ごご 4じです。

PART
03 연습문제 2

청해 03

1 A : いちばん すきな がいこくごは
　　　 なんですか。
　 B : ① いいえ、まだまだです。
　　　 ② にほんごが いちばん すきです。
　　　 ③ だから えいごが じょうずで
　　　　 すね。
2 A : それじゃ、えいごも すきですか。
　 B : ① そうですか。ありがとう
　　　　 ございます。
　　　 ② うんどうは きらいです。
　　　 ③ えいごは あまり すきじゃ
　　　　 ないです。

PART
04 연습문제 2

 청해 03

1 A : きょうは とても さむいですね。
　 B : ① ほんとうに やさしかったです。
　　　 ② それは よかったですね。
　　　 ③ そうですね。かぜが つよくて
　　　　 さむいです。
2 A : きのうの きまつテストは どうで
　　　 したか。
　 B : ① きょうは とても さむいですね。
　　　 ② きまつテストは ほんとうに
　　　　 やさしかったです。
　　　 ③ きのうほど さむく ないですね。

정해 03

1 A: コーラは どこに ありますか。
   B: ① あねが ふたり います。
      ② コーラは れいぞうこの なか
        に あります。
      ③ チーズが ひとつ あります。

2 A: さとうさんは きょうだいが います
      か。
   B: ① はい、あにが ひとり います。
      ② いいえ、ぎゅうにゅうは あり
        ません。
      ③ ほんとうですか。うらやまし
        いですね。

정해 03

会議の 準備を する。取引先と あう。
資料を つくる。

정해 03

1 A: 金さんは 新聞を よみますか。
   B: ① すごいですね。
      ② はい、毎日 新聞を よみます
      ③ いいえ、今は しません。

2 A: 李さんは バイトを しますか。
   B: ① いいえ、朝ごはんは ほとんど
        たべません。
      ② いいえ、今は しません。
      ③ 朝は コーヒーだけ のみます。

정해 03

1 A: 来週から 連休ですが、青木さんは
      何を しますか。
   B: ① 私も その ことが 心配です。
      ② 家族と 旅行に 行きたいです。
      ③ いきなり 雨ですね。

2 A: あれ? いきなり 雨ですね。
   B: ① 大変! はやく 家に 帰りましょ
        う。
      ② 私は 映画を たくさん 見たい
        です。
      ③ 私は 日本に 行きたいです。

정해 03

1 A: 李さん、朝寝坊ですか。
   B: ① 朝寝坊でも しましたか。
      ② 授業に 来ないと 思いました。
      ③ ええ、昨日 夜遅かったんです。

2 A: 今夜も 寝ないで 待つんですか。
   B: ① はい、ケータイから 目が
        離せなくて。

② 目が 赤いですよ。
③ どうしたんですか。

② ちょっと いいですか。
③ うーん、そこに 行く のも ちょっと。

PART **10** 연습문제 2

정해 03

1 A： 資料の 作成は もう 終わりました か。
　 B： ① えっ、本当ですか。
　　　② どうも ありがとう ございます。
　　　③ いいえ、まだです。

2 A： いつまでに 出さなければ なりま せんか。
　 B： ① ああ、どう しよう。困りまし たね。
　　　② しめきりは 9月 10日です。
　　　③ 半分しか 書きませんでした。

PART **12** 연습문제 2

정해 03

1 A： 答えを 鉛筆で 書いても いいです か。
　 B： ① 今から 日本語の テストを 始め ます。
　　　② いいえ、絶対に 鉛筆を 使っ ては いけません。
　　　③ はい、わかりました。

2 A： じゃ、修正ペンは 使っても いい ですか。
　 B： ① もちろんです。
　　　② それでは、始めて ください。
　　　③ かばんの 中に 入れて ください。

PART **11** 연습문제 2

정해 03

1 A： 今、ちょっと いいですか。
　 B： ① あ、ごめんなさい。急ぎの メールを 書いて います。
　　　② あ、すみません。お願いします。
　　　③ そこに 行く のも ちょっと。

2 A： 地下に ある コンビニに 行く のは どうですか。
　 B： ① コンビニで ジュースを 飲んで います。

PART **13** 연습문제 2

정해 03

今日は 朝から 雨だった。
家族は 外に 出かけて いて、誰も いな かった。
友だちの 健二に 電話した。
1時間後、健二が 家に 来た。
去年、健二と サッカーを 見に 行った ことが ある。

1 A : 金さんも 送別会に 来られますか。
　B : ① 木村さんの 送別会を する そ
　　　うです。
　　　② すみません。その 日は ちょっ
　　　と 行く ことが できません。
　　　③ えっ、どうしてですか。

2 A : 当日は 楽しい 会に なりそうです
　　　が。
　B : ① 今週の 金曜日、送別会が ある
　　　そうです。
　　　② 私も ぜひ 行きたいんですけ
　　　ど。
　　　③ それは 本当に 残念ですね。

1 A : 今度の 休みに どこか 行きますか。
　B : ① はい、来月から 休みです。
　　　② 今日 予約しようと しました。
　　　③ はい、一人で 日本に 行こうと
　　　思います。

2 A : 大学を 卒業したら 何が したいで
　　　すか。
　B : ① はい、大学を 卒業したいです。
　　　② 私は 卒業したら 就職したい
　　　です。
　　　③ 漢字が 一番 苦手です。

1 A : ご主人に 何か プレゼントを もら
　　　いましたか。
　B : ① まあ、ご主人、とても 素敵で
　　　すね。
　　　② ええ。主人に ダイヤの 指輪を
　　　もらいました。
　　　③ 選ぶ のが 大変でしたけど。

2 A : ご主人に どんな プレゼントを あ
　　　げましたか。
　B : ① 私は 主人に 腕時計を あげま
　　　した。
　　　② 本当に ロマンチックな 方で
　　　すね。
　　　③ 主人は 私に ばらの 花も くれま
　　　した。

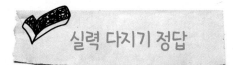

실력 다지기 정답

PART 01

연습문제 1

01
1 は, です   2 の
3 この, だれ   4 ありません

02
1 しゃいんじゃ ありません / ないです
2 わたしのじゃ ありません / ないです
3 えんぴつじゃ ありません / ないです

03
1 わたし, です
2 それ, の
3 あの, の
4 いいえ, じゃ ありません / ないです

연습문제 2

01
1 ③   2 ②

02
1 ① [④-①-②-③]
2 ② [③-①-②-④]

03
1 ③   2 ①

PART 02

연습문제 1

01
1 なんじ
2 から, まで
3 でした
4 じゃ なかった

02
1 どようびでした
2 でんしゃでした
3 かようびじゃ なかったです

03
1 いま, なんじ
2 じゅうじから, まで
3 きのう, でした
4 いいえ, じゃ なかったです

연습문제 2

01
1 ②   2 ④

02
1 ③ [④-①-③-②]
2 ③ [①-③-②-④]

03
1 ②   2 ①

연습문제 **1**

01

1 すきな

2 すきです

3 すきじゃ ない

4 すきでした

02

1 きれいでした

2 しんせつでした

3 まじめでした

03

1 いちばん, すきな

2 が, じょうずです

3 あまり, ないです

4 より, ほう

연습문제 **2**

01

1 ④   2 ②

02

1 ② [①-③-④-②]

2 ④ [④-②-③-①]

03

1 ②   2 ③

연습문제 **1**

01

1 つよくて

2 さむく ない

3 やさしかった

4 むずかしく なかった

02

1 おもかったです

2 つめたかったです

3 やすかったです

02

1 きょう, とても

2 ほど, あつく

3 えいご, ほんとうに

4 ぜんぜん, なかったです

연습문제 **2**

01

1 ②   2 ③

02

1 ④ [①-④-②-③]

2 ① [③-④-②-①]

03

1 ③   2 ②

연습문제 1

01
1 あります
2 ひとつ
3 いますか
4 ひとり

02
1 ありません
2 いません
3 ありません

03
1 うえ, あります
2 ふたつ
3 いますか
4 あに, さんにん

연습문제 2

01
1 ③   2 ②

02
1 ② [②-③-①-④]
2 ④ [③-①-④-②]

03
1 ②   2 ①

연습문제 1

01
1 ①, ④
2 ③, ⑦
3 ②, ⑤
4 ⑧, ⑩
5 ⑥, ⑨

02
1	2	2	1
3	2	4	1
5	1	6	2

03
1 よむ
2 すわる
3 みる
4 くる

연습문제 2

01
1 ②   2 ④

02
1 ① [①-③-②-④]
2 ④ [②-④-③-①]

03
②

연습문제 1

01

1 よみます

2 たべません

3 します

4 はたらきました

02

1 のみません

2 きません

3 かりません

03

1 のみます

2 いつも

3 ほとんど

4 バイト

연습문제 2

01

1 ①   2 ③

02

1 ①[③-④-①-②]

2 ②[①-④-②-③]

03

1 ②   2 ②

연습문제 1

01

1 行_いきたい

2 予約_{よやく}しにくい

3 ごろごろしながら

4 帰_{かえ}りましょう

02

1 いき

2 はなし

3 たべ

03

1 したいです

2 運転_{うんてん}しにくい

3 家_{いえ}で, 映画_{えいが}を

4 乗_のりましょう

연습문제 2

01

1 ③   2 ①

02

1 ③[①-④-②-③]

2 ④[③-②-④-①]

03

1 ②   2 ①

연습문제 **1**

01

1 来^こない
1 来<ruby>来<rt>こ</rt></ruby>ない
2 来<ruby>来<rt>こ</rt></ruby>なくて
3 寝<ruby>寝<rt>ね</rt></ruby>ないで

02

1 おわらない
2 もたない
3 おきない
4 こない

03

1 もう
2 なかなか
3 寝<ruby>寝<rt>ね</rt></ruby>るんですか

연습문제 **2**

01

1 ①　　　　2 ③

02

1 ②[④-①-②-③]
2 ①[②-①-④-③]

03

1 ③　　　　2 ①

연습문제 **1**

01

1 出<ruby>出<rt>だ</rt></ruby>さなければ
2 慌<ruby>慌<rt>あわ</rt></ruby>てなくても
3 無理<ruby>無理<rt>むり</rt></ruby>しないで

02

1 あるかなければ(歩かなければ)
2 かわないで(買わないで)
3 すてなくても(捨てなくても)

03

1 見<ruby>見<rt>み</rt></ruby>なければ
2 そんなに
3 あるから

연습문제 **2**

01

1 ②　　　　2 ②

02

1 ④[②-④-③-①]
2 ①[③-②-④-①]

03

1 ③　　　　2 ②

연습문제 1

01
1 書_かいて
2 残_{のこ}って
3 買_かって

02
1 よんで(読んで)　2 おして(押して)
3 きいて(聞いて)　4 ねて(寝て)
5 とんで(飛んで)　6 して
7 いって(行って)　8 かって(買って)
9 あって　　　　10 きて(来て)

03
1 急_{いそ}ぎの, かけて
2 咲_さいて
3 きます

연습문제 2

01
1 ③　　　　　2 ②

02
1 ①[④-③-①-②]
2 ①[②-①-④-③]

03
1 ①　　2 ③

연습문제 1

01
1 入_いれて　　　2 いいですか
3 使<sub>つか</sub っては　　4 しまいました

02
1 でて(出て)
2 かっても(買っても)
3 きては(来ては)
4 のんで(飲んで)

03
1 となり, 座_{すわ}って
2 名前_{なまえ}, 書_かいても
3 いけません
4 始_{はじ}まって

연습문제 2

01
1 ④　　　　　2 ②

02
1 ②[④-③-②-①]
2 ①[②-③-④-①]

03
1 ②　　2 ①

PART 13

연습문제 1

01

1 電話した　　　2 見たり
3 行った　　　　4 見た

02

1 よんだ(読んだ)　2 おした(押した)
3 きいた(聞いた)　4 ねた(寝た)
5 とんだ(飛んだ)　6 した
7 いった(行った)　8 かった(買った)
9 あった　　　　10 きた(来た)

03

1 うたった(歌った)
2 ねた(寝た)
3 のんだ(飲んだ)
4 すてた(捨てた)

연습문제 2

01

1 ②　　　　　2　③

02

1 ②[④-①-②-③]
2 ③[①-④-③-②]

03

③

PART 14

연습문제 1

01

1 ことが できません
2 来られます
3 なりそうです

02

1 のめる(飲める)
2 かりられる(借りられる)
3 できる
4 こられる(来られる)

03

1 ひく
2 に
3 降りそうです

연습문제 2

01

1 ②　　　　　2 ①

02

1 ④[②-④-①-③]
2 ①[②-③-①-④]

03

1 ②　　　　　2 ②

연습문제 1

01

1 行_いこうと
2 卒業_{そつぎょう}したら
3 書_かけば

02

1 あおう(会おう)
2 きこう(聞こう)
3 すてよう(捨てよう)
4 しよう

03

1 乗_のろうと
2 あれば, したいです
3 たくさん, 上達_{じょうたつ}します

연습문제 2

01

1 ②   2 ①

02

1 ②[①-④-②-③]
2 ④[①-④-③-②]

03

1 ③   2 ②

연습문제 1

01

1 あげました
2 くれました
3 もらいました
4 買_かって くれません

02

1 あげました   2 もらいました
3 くれました   4 あげました

03

1 私_{わたし}に
2 どんな
3 何_{なに}も

연습문제 2

01

1 ③   2 ①

02

1 ②[②-④-①-③]
2 ②[①-③-②-④]

03

1 ②   2 ①

📖 동양북스 분야별 추천 교재

문법	관광·비즈니스	한자	작문	일본문화

일본어뱅크 New 스타일
일본어 문법 / 일본어뱅크 New 스타일
관광일본어 1·2 / 일본어뱅크 New 스타일
일본어 한자 1·2 / 일본어뱅크
일본어 작문 초급 / 일본어뱅크
사진과 함께하는
일본 문화

			청해	독해

뱅크 일본어 문법 / 일본어뱅크 New 스타일
비즈니스 일본어
1·2 / 일본어 상용한자 2136
이거하나면 끝! / 일본어뱅크 New스타일
일본어청해 / 일본어뱅크 New스타일
일본어 독해 1·2

주니어			프리토킹	

다이스키 주니어
일본어 上·下 / e-필드 일본어
기초·초급·중급·
고급회화 / 新버전업 일본어
한자 암기박사 / 버전업! 동양북스
일본어 프리토킹 입문 / 일본어뱅크
독해 1·2·3

	항공		펜맨십	

주니어
일본어 붐붐 / 일본어뱅크
항공서비스 일본어 / 일본어 한자 터잡기
입문편 / 초중급편 / 일본어뱅크
펜맨십 / 일본어 독해가 즐거워지는
일본전래동화 / 세계명작동화 /
한국전래동화 / 이솝우화

동양북스 단계별 추천 교재

	도모다찌 일본어	감바레 일본어	New 스타일 일본어	다이스키 일본어
입문 과정	 일본어뱅크 도모다찌 STEP 1	 일본어뱅크 감바레 일본어 STEP 1	 일본어뱅크 New 스타일 일본어 1	 일본어뱅크 다이스키 STEP 1 · 2 일본어뱅크 다이스키 上
초급 과정	 일본어뱅크 도모다찌 STEP 2 일본어뱅크 도모다찌 上	 일본어뱅크 감바레 일본어 STEP 2	 일본어뱅크 New 스타일 일본어 2	 일본어뱅크 다이스키 STEP 3 · 4 일본어뱅크 다이스키 下
초·중급 과정	 일본어뱅크 도모다찌 STEP 3 일본어뱅크 도모다찌 下	 일본어뱅크 감바레 일본어 STEP 3	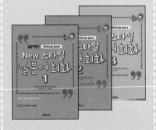 일본어뱅크 New 스타일 일본어회화 1 · 2 · 3	 일본어뱅크 다이스키 STEP 5 · 6
중·고급 과정			 일본어뱅크 New 스타일 비즈니스 일본어 1 · 2	 일본어뱅크 다이스키 STEP 7 · 8

오픈 일본어	New 뱅크 일본어	아나타노 일본어	포인트 일본어

일본어뱅크
Open 일본어 1

New 뱅크 일본어
STEP 1

아나타노 일본어 1

일본어뱅크 Point 일본어 1

일본어뱅크
Open 일본어 2

New 뱅크 일본어
STEP 2

아나타노 일본어 2

일본어뱅크 Point 일본어 2

중급 회화

일본어뱅크
Open 일본어 회화 1

New 뱅크 일본어
STEP 3 · 4

일본어 회화 중상급 뛰어넘기

뉴 일본어뱅크
프리토킹 BASIC

일본어뱅크
Open 일본어 회화 2

New 뱅크 일본어
중급 1 · 2

뉴 일본어뱅크 프리토킹
STYLE 1 · 2

📖 동양북스 추천 수험서

문자 · 어휘	문법	독해	청해

JLPT 분야별

新일본어능력시험 파트별
실전적중 문제집
문자 · 어휘 N1

新일본어능력시험 파트별
실전적중 문제집
문자 · 어휘 N2

新일본어능력시험 파트별
실전적중 문제집 문법 N1 / N2

新일본어능력시험
이거 하나면 끝! 문법 N1 / N2

新일본어능력시험 파트별
실전적중 문제집 독해 N1

新일본어능력시험 파트별
실전적중 문제집 독해 N2

新일본어능력시험 파트별
실전적중 문제집 청해 N

新일본어능력시험 파트별
실전적중 문제집 청해 N

분야별	점수대별 실전 모의고사	실전모의고사

JPT

일취월장 JPT 독해
일취월장 JPT 청해

일취월장 JPT 실전 모의고사
500점 공략 (5회분)

일취일장 JPT 실전 모이고사
700점 공략 (5회분)

만점 킬러 JPT
실전모의고사 (5회분)